A HISTORY OF CANADA

III

1867 年—1895 年
加拿大自治领时期：开疆拓土与巩固基业

加拿大史

［加］查尔斯·G.D. 罗伯茨 著

王晋瑞 译

目 录

第一章 ··· **001**

 第一节 加拿大联盟的构想 ················· 001

 第二节 夏洛特敦会议

     魁北克会议及其决议 ············· 015

 第三节 魁北克决议的获准之路 ············· 019

 第四节 大联盟最终实现 ······················· 022

第二章 ··· **035**

 第一节 自治领第一届议会会议召开 ······ 035

 第二节 新斯科舍省与自治领政府修好 ··· 043

 第三节 红河定居点变身曼尼托巴省 ······ 048

第三章 ··· **061**

第一节 不列颠—哥伦比亚加入自治领 ················ 061

第二节 各省纪事 ································ 065

第三节 爱德华王子岛加入自治领
　　　 政府的变化 ······························ 070

第四节 国家政策
　　　 渔业委员会 ······························ 077

第四章 ·· **087**

第一节 萨斯喀彻温省叛乱的原因 ···················· 087

第二节 萨斯喀彻温省叛乱始末 ······················ 093

第三节 加拿大太平洋铁路 ·························· 118

第五章 ·· **123**

第一节 渔业纷争再起 ······························ 123

第二节 自治领第三次人口普查 ······················ 131

第三节 纽芬兰纪事 ································ 142

第六章 ……………………………… 151

第一节 文化的进步 ……………………… 151

第二节 经济的发展 ……………………… 174

第三节 现状和前景 ……………………… 187

附录 A 《英属北美法案》 ……………… 195

附录 B 加拿大重要的印第安部落 ………… 237

专有名词英汉对照 ……………………… 243

第一章

第一节 加拿大联盟的构想

伟大的梦想也许会逐渐深入人心，激发起人们丰富的想象。一旦人们的物质需求满足了，他们便不会再为实现之前的梦想全力以赴。然而，如果某个梦想属于"实用政治范畴"，能解决人们生活中的一些困扰和不便，人们便会为之奋斗了。如果缺乏豁达的政治胸襟和为万民谋福祉的情怀，加拿大联盟的设想是提不出来的。但要使该设想深入人心，打出解决现实问题的旗号就是必要的了。一旦突出该设想灵丹妙药的功效，加拿大联盟的设想就进入了实用政治范畴。当人们视其为救命稻草时，加拿大联盟便水到渠成了。

加拿大人真真切切地感受到了加拿大联盟的实用价值。当时，加拿大分为上加拿大和下加拿大。虽然它们各有各的利益和传统，但却不得不卷入彼此的地方事务之中。加拿大联盟可以改善这种尴尬的亲密关系。上加拿大和下加拿大联合期间，在议会中分别有固定的二十四个议席。但在短短几年间，上加拿大的移民人数激增，人口总数远超下加拿大。最后，上加拿大和下加拿大联合后的十五年时间里，上加拿大的人口比下加拿大多出二十五万。因此，上加拿大强烈要求在议会中拥有更多的议席。然而，法裔省却对此充耳不闻。法裔加拿大人认为，只有议席数量平等，才能保证其语言和传统不受冲击。1853年，上加拿大和下加拿大在议会中的代表人数均增加到六十二名。不过，大量移民继续进入上加拿大，进一步拉大了上加拿大和下加拿大人口数量上的差距。上加拿大强烈呼吁根据人口数量决定议会中的代表席位，但下加拿大坚决反对就代表人数的比例做出任何变动，因为这势必会削弱下加拿大在议会中的实力。另外，无论是在议会还是在其他领域，党派之争呈现出对立而非合作的态势，因此上加拿大和下加拿大很难组建强有力的联合政府。托利党属于保守派，砂砾党属于改革派，它们势均力敌。局部的小问题足以改变整个局势，引发新的选举，使掌握政治走向的舵手易人，让现有的政府改头换面。根据人口数量分配代表名额的呼声主要来自上加拿大地位已经大大提高的改革派；而

第一章

法裔加拿大人则投入保守派的怀抱。两派的势力再次回归到平衡状态。虽然上加拿大和下加拿大的发展欣欣向荣，但联合政府在不断更迭中显得既无尊严也无效率，立法往往停滞不前。

将加拿大各省结成联盟的想法成了议员们讨论的话题，政客们开始认为这种做法或许具有非凡的意义。虽然加拿大联盟是一项普惠的治国方案，但普通的选民们并不晓得其蕴含的深远意义。在各个选区，选民们对加拿大联盟的认识非常缓慢，就像缺乏营养的植物在生长一样。即便是现在，选民们也会先搁置加拿大联盟萌芽阶段的思想，转而拥护他们更容易理解的思想，即用邦联制取代上加拿大和下加拿大目前的联合立法体制。如果该思想变为现实，上加拿大和下加拿大将保留各自的议会，以解决它们自己的事务。至于那些既影响上加拿大又影响下加拿大的事情，就由中央政府来处理。与此同时，在人口和财富快速增长的情况下，沿海各省推行了责任政府模式，那里的人们非常满足于目前的生活状况，不想关心任何新的变化，无论这些变化会带来怎样的辉煌前景。然而，发生在其他省的大事注定会改变他们这种事不关己高高挂起的态度。

在加拿大联盟形成时期，各省涌现出一批杰出的政治人物。譬如，上加拿大和下加拿大出现了乔治·布朗[①]、约翰·亚历山大·麦克唐纳[②]、乔治·艾蒂安·卡地亚[③]、亚历山大·蒂洛赫·高尔特[④]和弗朗西斯·辛克斯[⑤]等名人。加拿大联盟不只是党派间的行为,更是建立在广泛的民愿基础之上的行为。"加拿大联盟之父"中有两位杰出的党派领袖,他们分别是乔治·布朗和约翰·亚历山大·麦克唐纳,永远值得我们铭记,因为他们为加拿大联盟做出了不朽的贡献。因为有了他们,改革派和保守派才不计前嫌。为了实现共同的目标,两派

---

① 乔治·布朗(George Brown,1818—1880),苏格兰裔加拿大人,新闻工作者、政治家、加拿大自治领奠基人之一。1844年他创办了著名的《多伦多环球》日报,主要发表政治改革宣言。他在政治上主张政教分离、废除奴隶、实行代表议会制。1858年8月,乔治·布朗与安东尼·多里昂联合组阁,成为当时加拿大政府事实上的领导人。为了纪念他杰出的政治贡献,多伦多市的乔治布朗学院以他的名字命名。——译者注

② 约翰·亚历山大·麦克唐纳(John Alexander Macdonald,1815—1891),苏格兰裔加拿大人,律师、政治家、加拿大自治领主要奠基人、加拿大自治领政府首任总理。麦克唐纳担任加拿大自治领政府总理前后共计十九年(1867—1873、1878—1891)。当政期间,他不断开拓加拿大的疆域,为形成今天包括十省和三地区的加拿大奠定了坚实基础,为建成自由宽容的加拿大文明社会做出了不可估量的贡献。——译者注

③ 乔治·艾蒂安·卡地亚(George Etienne Carder,1814—1873),法裔加拿大人,律师、政治家、加拿大联邦奠基人之一。1867年,加拿大自治领政府成立后,在麦克唐纳政府中任国防部长。——译者注

④ 亚历山大·蒂洛赫·高尔特(Alexander Tilloch Galt,1817—1893),苏格兰裔加拿大人,政治家、加拿大自治领奠基人之一。1867年加拿大自治领政府成立后,在麦克唐纳政府中任财政部长。——译者注

⑤ 弗朗西斯·辛克斯(Francis Hincks,1807—1885),爱尔兰裔加拿大人,政治家、加拿大自治领奠基人之一。辛克斯曾任加拿大省总理(1851—1854),英属圭亚那总督(1861—1869)。1869年,辛克斯返回加拿大,任加拿大自治领财政部长(1869—1874)。——译者注

第一章

团结一心，精诚合作。在新不伦瑞克，推动这一崇高事业的是改革派领袖塞缪尔·伦纳德·蒂利①。在新斯科舍，带领人民加入联盟的是保守派领袖查理·塔伯②。在曾经纷争不断的环境中，如此辉煌的联盟大厦建起来了，无论民族、党派和信仰，加拿大人都非常自豪。现在，虽然加拿大党派之争仍然存在，但焦点只集中在联盟如何顺利运转方面，它们最终的目的都是促进加拿大联盟在世界民族之林中立于不败之地。

1857年，在加拿大议会上，加拿大联盟的设想第一次正式提了出来。来自舍布鲁克镇的亚历山大·蒂洛赫·高尔特在议会上做了一场精彩的演讲，提议建立加拿大联盟，尽管当时很少有人认真考虑，但加拿大联盟思想的种子却在人们心中播下了。当时，加拿大政府实行双头领导体制，即无论哪个政党执政，上加拿大和下加拿大都会各推荐一名总理大臣，因此内阁的领导人就

---

① 塞缪尔·伦纳德·蒂利（Samuel Leonard Tilley, 1818—1896），效忠派后裔，生于加拿大新不伦瑞克省，政治家、加拿大自治领奠基人之一。1867年加拿大自治领政府成立后，历任加拿大海关部长（1867—1873）、新不伦瑞克省总督（1873—1878）、加拿大财政部长（1878—1885）。——译者注
② 查理·塔伯（Charles Tupper, 1821—1915），加拿大政治家、加拿大自治领奠基人之一。加拿大自治领政府成立前，查理·塔伯任新斯科舍省总理（1864—1867）。1867年自治领政府成立后，查理·塔伯历任女王枢密院（加拿大事务）院长（1870—1872）、税务部长（1872—1873）、海关部长（1873—1874）、工程部长（1878—1879）、铁路和运河部长（1879—1884）。——译者注

是一个"双头怪物"。政府用双方领导的名字命名,譬如,麦克纳布—莫林政府①、鲍德温—拉芳汀政府②、卡地亚—麦克唐纳政府、布朗—多里昂③政府……亚历山大·蒂洛赫·高尔特提出联盟思想的第二年(1858),出于地区利益的考虑,有人提议将首府迁到渥太华。不久,维多利亚女王推荐渥太华做首府。卡地亚-麦克唐纳政府对维多利亚女王的观点深表赞同。然而,首府迁徙计划最终失败。新的大选过后,改革派以微弱优势执政,组成布朗—多里昂联合政府。但很快,议会的大多

---

① 奥古斯汀-诺伯特·莫林(Augustin-Norbert Morin,1803—1865),加拿大律师、法官、政治家。上、下加拿大联合政府期间,莫林曾分别与弗朗西斯·辛克斯(1851—1854)和艾伦·麦克纳布(1854—1855)一起担任英属加拿大省政府总理。——译者注
② 罗伯特·鲍德温(Robert Baldwin,1804—1858),加拿大律师、政治家。鲍德温为上加拿大改革党温和派领袖,他反对英国当局对加拿大的寡头统治,但同时主张采取非暴力请愿的方式进行政治和民主改革。1841年,上加拿大与下加拿大合并后,他和政治伙伴路易斯·希波利特·拉芳汀共同担任英属加拿大省首届责任政府总理。路易-希波利特·拉芳汀(Louis-Hippolyte Lafontaine,1807—1864),法裔加拿大法官、政治家。1830年,路易-希波利特·拉芳汀当选下加拿大立法议会议员,强烈反对英国当局对加拿大的寡头统治。1837年叛乱结束后,他主张上加拿大与下加拿大组成联合政府。——译者注
③ 安托万-艾梅·多里昂(Antoine-Aimé Dorion,1818—1891),法裔加拿大法律专家、政治家。上、下加拿大省联合政府期间,多里昂曾分别与乔治·布朗(1858,联合政府仅三天便解散)和约翰·桑德菲尔德·麦克唐纳(1863—1864)一起任英属加拿大省政府总理,并兼任总检察长。多里昂反对加拿大、新不伦瑞克、新斯科舍、爱德华王子岛建成四省大联盟。1864年后,他拒绝在联邦政府中任职,只保留了联邦众议院议员的身份。——译者注

数向沙漏一样倒向了保守派，改革党马上折戟沉沙，保守派以微弱的优势再次执政。不过，保守派的支持者不够坚定，所以保守派政府迅速倒台。显然，这时需要引入一项大胆的新政策。亚历山大·蒂洛赫·高尔特被召入内阁，他宣布了加拿大联盟的纲领性政策。虽然该政策的优势立显，但没有调动殖民地的热情，甚至遭到了反对。沿海几个省正在折腾着搞自己的联盟，对大联盟政策根本不感兴趣。因此，当政的卡地亚—麦克唐纳政府不得不另辟蹊径。

现在，十年的繁荣发展戛然而止。由于收成不好，农业萧条了。于是，加拿大各省都盼着生活中能发生一些变化。这一时期，几件大事将各省人民的情感凝聚到效忠和团结的主线上来。北美铁路大干线蒙特利尔段维多利亚大桥的竣工是加拿大民族的一项壮举。当时，维多利亚大桥被誉为世界奇观之一，这也让加拿大的各兄弟省颇感自豪。为了隆重庆祝大干线顺利通车，也为了在渥太华为即将开工建设的新议会大厦奠基，威尔士亲王①来到了加拿大。威尔士亲王所到之处，无不受到热

---

① 即后来的英王爱德华七世（Edward VII, 1841—1910）。他是维多利亚女王和阿尔伯特亲王的第二个孩子及长子，自幼封嘉德骑士、威尔士亲王、切斯特伯爵、康沃尔公爵、罗特塞公爵、都柏林伯爵。维多利亚女王驾崩后（1901），年过半百的他即位。在位期间，他成为一位极受人民爱戴、和蔼可亲的君主及社会领袖。——译者注

烈的欢迎。他的到来就像一场及时雨，告诉人们王室非常重视殖民地的发展。接下来一年边境上发生的事情也敦促加拿大早日实行联盟计划。殖民地上生活着一些不稳定分子，他们一直盼着并入美国。1861年，美国内战爆发，南北之间拔刀相向。于是，并入美国的想法失去了诱惑力。

　　美国的这场风暴酝酿已久。北方要求废除奴隶制只是战争的诱因之一。引发战争的真正原因是各州与中央政府争夺权力。拥有大量奴隶的南方均支持各州拥有更多的权力，而北方各州则支持联邦拥有更多权力。北方要求废除奴隶制，宣称联邦政府拥有至高无上的权力，对实行奴隶制的南方各州来说，这是一种威胁，它们将因此而无权管理自己的事务。1860年总统大选期间，"权力在州"派遭遇失败，主张废除奴隶制的亚伯拉罕·林肯当选美国总统。从此，风暴拉开了序幕。"权力在州"派表示，各州都有脱离联邦的权力。1860年12月，南卡罗来纳州就秉承这一原则，脱离了联邦。接下来的几个月内，南方十一个州相继脱离联邦政府，这些州的人口总数达九百万。随后，这十一个州组建邦联政府，定都弗吉尼亚州的里士满，杰斐逊·戴维斯当选总统。1861年初，战争打响。北方各州拥护联邦，支持解除各州的主权，建立中央政府拥有最高权力的联邦国家体制。

主张废除奴隶制的亚伯拉罕·林肯总统。乔治·彼得·亚历山大·希利（George Peter Alexander Healy，1813—1894）绘

邦联总统杰斐逊·戴维斯。丹尼尔·亨廷顿（Daniel Huntington，1816—1906）绘

第一章

英国要求臣民们严守中立。这引起美国北方人的强烈不满，因为这实际上就承认了南方是独立的交战国。在北方人看来，南方邦联政府并不是一个独立的国家，只是收纳叛国者的地方。因此，叛国者应该受到中央政府的惩戒，别的国家不应承认南方邦联政府的国家地位。不过，令北方人大怒的是，英国似乎很同情那些叛国者。南方港口原本已被封锁，但英国军舰一次次积极地突破了。南方邦联政府的巡洋舰甚至可以使用英国的军港。事情的真相是，虽然英国政府及大部分英国人希望北方赢得战争，但仍有不少人希望能从美国内战中获得一丝报复的快感。南方现在对联邦政府的要求犹如1776年十三殖民地对英国政府的要求一样无礼。效忠派的后裔可能会问："既然当时十三殖民地能脱离母国政府，为什么现在南方十一州就不能脱离联邦政府呢？"英属北美的一些地区，尤其是哈利法克斯，深深同情南方邦联政府。与此同时，很多上加拿大人加入了支持北方联邦政府的阵营。

美国内战的第一年，加拿大就察觉到脆弱的国防是个问题。英美之间发生了摩擦，一度看似需要诉诸武力才能解决。事情的经过是这样的：南方邦联政府派两名特使詹姆斯·默里·梅森[①]和约翰·斯莱德尔[②]前往英国游说，希望英国支持邦联政府的事业，同时承认邦联政府独立交战国的地位。两位专员乘坐英国的邮政船"特伦特"号。11月8日，查理·威尔克斯[③]舰长指挥美国军舰"圣哈辛托"号，在公海截下了"特伦特"号，然后逮捕了詹姆斯·默里·梅森和约翰·斯莱德尔。虽然查理·威尔克斯之举违反了国际法，但北方人却欢欣鼓舞。很快，查理·威尔克斯就成了民族英雄。英国勃然大怒，要求美国立即释放两位尊贵的特使，并威胁道：如有半点拖延，就宣战。之后，英国派军进驻哈利法克斯。联邦政府冷静地分析形势后，悄悄地释放了詹姆斯·默里·梅森和约翰·斯莱德尔，这同时显示出林肯总统的领导智慧。英国将士到达加拿大后，发现迎接他们的不

[①] 詹姆斯·默里·梅森（James Murray Mason，1798—1871），美国政治家、众参两院议员。美国内战时期，他任南方政府特派员，从事与英法两国外交沟通的工作（1861—1865）。——译者注
[②] 约翰·斯莱德尔（John Slidell，1793—1871），美国律师、商人、政治家、来自路易斯安那州的众参两院议员。美墨战争前，斯莱德尔被美国政府任命为全权公使（1845—1846），负责和墨西哥政府谈判领土争端事宜；美国内战时期，斯莱德尔竭力维护南方各州的权益，是南方政府驻法国特派员。内战结束后，斯莱德尔定居法国，1871年于英国去世。——译者注
[③] 查理·威尔克斯（Charles Wilkes，1798—1877），美国海军军官、探险家。1838年，威尔克斯曾率一支由博物学家、植物学家、地质学家、海洋学家等组成的美国科考队，前往南极海域，最终登陆了南极洲东北部地区，该地区现在以他的名字命名为"威尔克斯地"。美国内战时期，他因著名的"特伦特"号事件而知名。——译者注

美国军舰"圣哈辛托"号,在公海截下了"特伦特"号。爱德华·西尔维斯特·埃利斯(Edward Sylvester Ellis, 1840—1916)绘

是战争而是舞会和美女。虽然危机解除了,但有识之士却意识到加拿大需要加强国防。于是,英国政府拨付巨资专门用于加拿大的国防建设,一些省级议会也通过了重要的《民兵法案》。1861 年,阿尔伯特亲王离世,维多利亚女王绵绵的哀思唤起了人们的同情和效忠之心。但在上加拿大和下加拿大,尽管人们满怀爱国热情,但因党派斗争,《民兵法案》迟迟没能通过。虽然改革党和保守党轮流执政,但党派斗争永远是执政的第一要务,所以根本不考虑政府稳定的重要性。上加拿大和下加拿大未通过《民兵法案》,英国政府对此非常不满。

危急关头,改革党领袖乔治·布朗勇于承担责任,建议两党联手组建新的内阁①。最后,他的建议被接受了,喧闹的政治斗争结束了,两省迎来了和平(1864)。新政府策划了一项联盟计划。该计划考虑到,一旦时机成熟,吸收其他省加入,实现所有省的大联盟。就在新政府讨论吸收沿海省加入联盟的时机是否成熟时,爱德华王子岛上发生了一件大事,这促使他们加快做出决定。于是,实现包括上加拿大和下加拿大在内的英属北美各省的联盟成了新政府的首要任务。

① 组成新内阁的杰出人物有:约翰·亚历山大·麦克唐纳、乔治·艾蒂安·卡地亚、乔治·布朗、奥利弗·莫厄特、埃蒂纳、P.塔什爵士、亚历山大·蒂洛赫·高尔特、托马斯·达尔斯·麦吉、威廉·麦克杜格尔、赫克托·郎之万、让-查理·沙佩、詹姆斯·考克伯恩、亚历山大·坎贝尔。——原注

第二节 夏洛特敦会议
魁北克会议及其决议

1864年9月1日,夏洛特敦举行了一场决定加拿大未来命运的会议。有意思的是,这次会议是三年前约瑟夫·豪努力的结果,但现在他居然成了联盟最大的反对者。早在1854年,约瑟夫·豪就战胜了保守党领袖约翰斯顿,积极倡导联盟计划。1861年,作为新斯科舍政府的领导,约瑟夫·豪在议会上提出了支持联盟的议案。议会通过了议案,形成了支持联盟的决议。不久,决议就演变成一种相似的、更切实际的计划,即实现新斯科舍、新不伦瑞克和爱德华王子岛三省在立法上的联盟。于是,三省就可以合并成一个有影响力的"沿海联盟"。这是一个民心所向的计划,后来影响到意义更加深远的大联盟计划的顺利实施。

三省各委派了五名代表到夏洛特敦讨论沿海联盟事宜。新斯科舍的代表中有四位保守党成员,因为该省当时由保守党执政,其领导人是约瑟夫·豪的政敌查理·塔伯,另外一名代表是杰出的改革党人亚当斯·乔治·阿奇博尔德。新不伦瑞克的代表都是改革党成员,他们的领导是塞缪尔·伦纳德·蒂利。爱德华王子岛代表团是主持重大改革的政要,他们的领导是约翰·汉密尔顿·格雷上校。可以看出，此次会议关乎国家利益而非党派利益。代表们会晤的地方是夏洛特敦的一个阳光明媚、风平浪静的港口。宽敞的街道、豪华的住宅和精美的花园，使人不由得想起夏洛特敦的旧称"欢乐港"。在这般舒适优美的环境里谈统一与和平，硕果必定会结出。我们知道，代表们会晤的目的是商谈沿海联盟事宜。正在努力推进大联盟计划的加拿大省联合政府获悉夏洛特敦会议即将召开后，就提交了与会申请。申请获准后，加拿大政府六位政要乘坐"维多利亚"号蒸汽船前往夏洛特敦。这些联盟的先驱们来自不同的党派、教派和民族：乔治·布朗和约翰·亚历山大·麦克唐纳曾经是政敌，但为了联盟事业，现在他们走到了一起；法国天主教徒乔治·埃蒂安·卡地亚、东部新镇的英格兰新教徒亚历山大·蒂洛赫·高尔特、苏格兰新教徒威廉·麦克杜格尔、爱尔兰天主教徒托马斯·达尔斯·麦吉也走到了一起。1864年9月1日，海湾花园最美的日子里，代表们欢聚一堂，他们对联盟事业的热情和信念很快便结出了果实。大联盟计划在详尽清晰地呈现出来后，代表们无不心驰神往，沿海联盟计划在大联盟计划面前黯然失色。那些为沿海联盟目的而来的代表们除了权衡利弊、相互同情、加强信任和尊重外，没有什么别的需要去做了。代表们一致决定马上在魁北克举行下一次会议，详细讨论联盟

第一章

的条款。夏洛特敦会议胜利闭幕,夏洛特敦岛也成了伟大联盟的摇篮。

离开夏洛特敦后,加拿大代表们马不停蹄地访问了新斯科舍和新不伦瑞克。他们用热情洋溢的演讲唤起了百姓们的情感,引发了百姓们的共鸣。代表们所经之地,无不受到百姓们的热烈欢迎。于是,他们追求的事业获得了百姓们的拥护。回到渥太华后,他们马上安排了新会议议程。1864年10月10日,各地代表们肩负着人民的重托,齐聚古城魁北克,努力在英属北美殖民地上建起一个强大的民族。

魁北克会议召开了,这是加拿大历史上的重大事件之一。每个加拿大人都应该牢记大会召开的时间、与会者的姓名及其深远意义。随着时间流逝,魁北克会议对世界历史的影响开始逐步显现。于是,我们更能体会魁北克会议重要的历史意义了。参加大会的一共有三十三位代表,他们的名字应该出现在这里,而不是脚注里。加拿大省的代表有埃蒂安·P.塔什爵士、约翰·亚历山大·麦克唐纳、乔治·布朗、威廉·麦克杜格尔、乔治·埃蒂安·卡地亚、亚历山大·蒂洛赫·高尔特、奥利弗·莫瓦特、赫克托·郎之万、托马斯·达尔斯·麦吉、亚历山大·坎贝尔、让-查理·沙佩和詹姆斯·考克伯恩。新斯科舍省的代表有查理·塔伯、亚当斯·乔治·阿奇博尔德、威廉·亚历山大·亨利、罗伯特·B.迪基以及乔纳森·麦卡利。新不伦瑞克省的代表有：塞缪尔·伦纳德·蒂利、约翰·默瑟·约翰逊、彼得·米切尔、爱德华·钱德勒、查理·费舍尔、约翰·汉密尔顿·格雷、威廉·H.斯蒂夫。爱德华王子岛的代表有约翰·汉密尔顿·格雷上校、爱德华·帕默、托马斯·希思·哈维兰德、威廉·亨利·蒲伯、乔治·科尔斯、爱德华·韦伦、安德鲁·阿奇博尔德·麦克唐纳。纽芬兰的代表有弗雷德里克·鲍克·特林顿·卡特以及安布罗斯·谢伊。虽然有些省的代表人数较多，但并不影响投票的结果，因为投票是按省进行的。每个省的代表团只有一票，因此各省都是平等的。大会在议会大厦里举行，议会大厦是在圣路易斯的废墟上建立起来的。大会上，约翰·亚历山大·麦克唐纳的智谋、查理·塔伯的塑造力、乔治·布朗的执着、乔治·埃蒂安·卡地亚和托马斯·达尔斯·麦吉的口才都淋漓尽致地展现了。大会历时十八天，通过了《七十二项决议》。这些著名的决议经过修改后，为日后出台的加拿大宪法——《英属北美法案》奠定了基础。大会的全部议程结束后，代表们在上加拿大省和下加拿大省进行了观光考察，受到了各方的热烈欢迎。

第三节 魁北克决议的获准之路

这时,一项重要的任务摆在了加拿大联盟先驱们的眼前——如何让相关各省和英国政府都能顺利接受《七十二项决议》。英国政府积极表态支持《七十二项决议》,并强烈希望各省也能接受。但各省对《七十二项决议》的态度却大不相同。纽芬兰明确表示拒绝接受,并且至今都没有改变想法的意思。爱德华王子岛一开始也拒绝,但过了几年,发现《七十二项决议》非常成功地执行了,最终就接受了。新斯科舍和新不伦瑞克则一直犹豫不决。只有加拿大欣然接受。存在这样的差别是有原因的。五大湖区和圣劳伦斯河谷的人们关注加拿大联盟这一话题已经很久了。他们视加拿大联盟为摆脱目前政治困局最简便的方法。1865年2月,《魁北克决议》提交至立法委员会,经过充分讨论后,以绝大多数人支持获得通过。会议结束后,约翰·亚历山大·麦克唐纳、乔治·布朗、乔治·埃蒂安·卡地亚和亚历山大·蒂洛赫·高尔特四人前往英国进一步协商联盟事宜。

然而,联盟计划在新不伦瑞克省的推行遭遇了挫折。这一年的3月,新不伦瑞克举行了大选。因为一些地方性问题,支持联盟的党派在大选中落败,联盟计划也因此遭到了否决。反联盟党组建了新政府,其领导人是阿尔伯特·詹姆斯·史密斯。新不伦瑞克省对加拿大联盟计划的否决,影响了该省政府的决策。新斯科舍省政府甚至都没有将决议提交立法委员会审核。不过,最后,新不伦瑞克人重新考虑了加拿大联盟计划,考虑得越多,越觉得加拿大联盟的意义重大。美国人的恶劣态度也迫使新不伦瑞克人考虑建立强大的殖民地联盟。当然英国政府的殷切希望也起到了一定作用。看到人民的态度转变后,新不伦瑞克省立法委员会通过了一项支持加拿大联盟的决议。总督亚瑟·汉密尔顿·戈登① 发表讲话,坚决接受该决议。持反对意见的顾问大臣们纷纷辞职。亚瑟·汉密尔顿·戈登命塞缪尔·伦纳德·蒂利和加拿大联盟的其他支持者组建新政府。1866 年,大选再次举行,反对加拿大联盟的一派完败。随着新不伦瑞克省的变化,新斯科舍省立即采取了行动,政府领导人查理·塔伯向立法机构递交了一份支持加拿大联邦的决议。决议得到多数人支持,但某些内容尚需修改,以确保沿海省享受到更好的待遇。不过,政府这种未经百姓投票就同

---

① 亚瑟·汉密尔顿·戈登(Arthur Hamilton Gordon,1829—1912),英国著名的自由党政治家、殖民地官员。他曾任英国首相私人秘书(1852—1855)、英国众议院议员(1854—1857)、新不伦瑞克总督(1861—1866)、特立尼达岛总督(1866—1870)、毛里求斯总督(1871—1874)、斐济总督(1875—1880)、新西兰总督(1880—1882)、锡兰总督(1883—1890)。——译者注

意加入加拿大联盟的做法引起了民愤。实际上，解决这种大事，应该举行大选，让百姓表达自己的想法。然而，百姓并没有得到这样的机会。于是，不满的种子就在他们的心中埋下了。后来，不满的情绪愈演愈烈，百姓强烈要求废除已通过的决议。一开始，百姓只是对加拿大联盟决议获得通过的方式感到不满。但随着党派斗争的日益激烈，这种不满情绪逐渐变了味道，一度升级为仇视加拿大联盟计划。

在新斯科舍省立法机构接受加拿大联盟决议的同一年，纽芬兰总督也在纽芬兰立法机构上宣读加入加拿大联盟的决议，等待委员们的审议。委员们宣称，加拿大联盟的好处"是显而易见的，必须承认的"，但同时指出，考虑到纽芬兰的特殊情况，是否加入加拿大联盟还有待进一步论证。后来，纽芬兰就搁置了加拿大联盟计划。

爱德华王子岛立法委员会中的大多数人一开始就反对加入加拿大联盟。但过了不久，在已经加入加拿大联盟的兄弟省的影响下，爱德华王子岛虽不太情愿，但最终加入了联盟。

当上加拿大省、下加拿大省、新斯科舍省和新不伦瑞克省决定联盟后，它们派代表前往英国向议会递交了《联盟法案》，希望获得通过。然而，新斯科舍的反对派居然派约瑟夫·豪到伦敦陈述反对意见。约瑟夫·豪雄辩滔滔，给出了最具说服力的证据，但在辩论中，他的老对手查理·塔伯以子之矛攻子之盾，最终战胜了他。英国政府没有认同约瑟夫·豪的说法，因此新斯科舍省的反对无效。于是，议会继续就《联盟法案》的框架展开讨论。

第四节 大联盟最终实现

1864年到1867年，加拿大正忙着准备迎接自治领的诞生，这时，外部力量间接地加速了自治领的诞生。美国北方各州对加拿大的敌意越来越强。美国内战期间，虽然加拿大各省严格保持中立，但不可避免地成为南方人的避难地。他们大多是从美国北方各州逃来的，其中一批目无法纪的人经常聚集到圣劳伦斯，不时袭击佛蒙特州的圣奥尔本斯。北方人勃然大怒，但在路易·帕皮诺和威廉·莱昂·麦肯齐领导叛乱、祸害加拿大期间，他们也有类似举动。为了防止暴行再次发生，加拿大政府派民兵加强边界巡逻。就在这时（1864），美国通知加拿大，打算终止《互惠条约》。这时，战争已经胜利在望，美国人便开始准备报复英国。只要加拿大仍然是英国的殖民地，那么美国就不会放过它。与此同时，美国希望加拿大能从美洲贸易的角度考虑同意和美国合并。美国终止《互惠条约》是为了告诉加拿大忠于英国会失去什么,而背叛英国会得到什么。为了阻止各省实现联盟,美国国会甚至通过了一项法案,为四省加入美国开出了优厚的条件。但事实证明,利诱比威逼好不到哪里去。加拿大各省团结得更紧密了。不过,加拿大还是真诚地希望《互惠条约》不要终止。为此,贸易会议在底特律举行。加拿大各省和美国主要城市都派代表参加了会议。约瑟夫·豪在会议上有理有据地陈述了《互惠条约》的诸多好处,获得许多代表的认同,但他没能影响到美国政府的决定。美国给出延长《互惠条约》的条件太苛刻了,加拿大各省都无法接受这种屈辱。于是,1865年,《互惠条约》终止了。为了共渡难关,各省加强团结,向欧洲寻求新的贸易通道。不过,这一事件大大加快了加拿大联盟计划的实现。

南方各州的叛乱彻底平定了,美国内战结束了。美国开始就"亚拉巴马"号和南方其他巡洋舰给美国造成的损失向英国索赔。索赔的理由是这些巡航都出自英国港口。如果美国的索赔理由成立的话,加拿大可就1837年至1838年叛乱时期美国违背中立原则向美国索赔。英国否认暗中帮助南方的巡洋舰,因此拒绝了美国的要求。几年来,所谓的"'亚拉巴马号'索赔案"一直悬而未决,随时可能引发战争。面对战争的威胁,加拿大联盟的进程再次加快了。

　　加拿大的另一个敌人也促使它迅速走向了联盟。美国有个极端组织——芬尼亚兄弟会[①]。该组织最初由狂热的爱尔兰爱国者建立，其目的是报复对爱尔兰犯下罪行的撒克逊人。美国内战结束后，许多违法乱纪的暴徒根本安定不下来，散居在全国各地。他们加入了芬尼亚兄弟会，并把征服加拿大视为解放爱尔兰的第一步。芬尼亚兄弟会的头目认为征服加拿大易如反掌，而且只要征服了，就可以瓜分加拿大富饶的土地了。1866年，圣帕特里克节[②]那天，芬尼亚兄弟会计划入侵加拿大。加拿大民兵获得消息后，全副武装，严阵以待。但天气恶劣，入侵计划搁置。1866年4月，芬尼亚兄弟会的暴徒来到新不伦瑞克省边境，搞起了骚扰活动。加拿大军队迅速赶往圣安德鲁和圣斯蒂芬，严加防范，消除了危险。

[①] 芬尼亚兄弟会（Fenian Brotherhood）是一个爱尔兰民族主义组织，志在推翻英国人对爱尔兰的统治。1858年，该组织由约翰·奥麦赫尼在美国创立，最初的目标是夺取被英国占领的加拿大，以其为条件换取爱尔兰独立。该组织吸纳了数千名参加过美国内战的人员，在数以万计爱尔兰移民的经济支援下，分别于1866年、1870年和1871年进攻加拿大，但均以失败告终。许多史学家认为，"芬尼亚兄弟会"对加拿大的滋扰是加拿大自治领成立的主要推动力。——译者注

[②] 圣帕特里克节（St. Patrick's Day）起源于5世纪末的爱尔兰，是为纪念爱尔兰守护神——圣帕特里克而设的节日，如今已成为爱尔兰国庆日，定在每年3月17日。随着爱尔兰后裔遍布欧美各国，圣帕特里克节也成了一些西方国家的节日。节日的主色调为绿色。美国从1737年3月17日开始庆祝圣帕特里克节。——译者注

美国内战期间，使北方联邦损失惨重的"亚拉巴马"号巡洋舰。J. W. 施密特（J. W. Schmidt，生卒不详）绘

所有这一切让更多的加拿大人看到了联盟的必要。

当美国人都在为"'亚拉巴马号'索赔案"愤愤不平时，他们的政府却对在他们鼻子底下进行武装训练的芬尼亚兄弟会的暴徒们视而不见，而且他们就盘踞在美国的边境小镇！美国的双重标准激起了加拿大各省的愤怒。1866年5月底，九百芬尼亚兄弟会的暴徒在奥尼尔上校的带领下，出布法罗，到伊利堡，然后前往威兰运河，想在那里搞破坏。走到里奇威（Ridgeway）时，他们遇上了一支加拿大民兵小分队。这里是过去加拿大民兵屡建奇功的地方。但这次我们的战士却未取得胜利。经过两个小时的激战，加拿大民兵不太体面地撤了回去，将阵地让给了芬尼亚兄弟会的暴徒。然而，当听说英国正规军正赶来时，暴徒们匆忙逃回了布法罗。圣劳伦斯边界的其他几次入侵都被轻易地粉碎了。四年后，加拿大自治领已经成立，奥尼尔上校又率领芬尼亚兄弟会暴徒进犯魁北克，但这次他们遭到了痛击（1870）。1871年，芬尼亚兄弟会暴徒们又想入侵曼尼托巴省。彭比那堡（Fort Pembina）的美国守将清楚应该对友好邻邦做些什么。他率领着一队士兵尾随奥尼尔，在边境处抓获了他。于是，芬尼亚兄弟会最后一次入侵滑稽地收场了。

我们现在再将目光转向伦敦。各省代表们正在威斯敏斯特大酒店争分夺秒地修订魁北克决议，主要变动是

奥尼尔上校率领暴徒与加拿大民兵小分队在里奇威激战。绘者信息不详

1870年，奥尼尔上校又率领芬尼亚暴徒进犯魁北克。政府军击溃了奥尼尔上校的部队。绘者信息不详

彭比那堡（右）隔彭比那与哈得孙海湾公司的德尔堡（左）相望。彼得·瑞迪斯巴特（Peter Rindisbacher, 1806—1834）绘

给予沿海省更多的利益。1867 年 2 月，完善后的加拿大联盟计划呈交英国议会。计划受到各党派领导人的热烈支持。英国议会未作任何修改就直接通过了加拿大联盟计划。1867 年 3 月 29 日，加拿大联盟计划由维多利亚女王签署后生效，这就是我们所熟知的《英属北美法案》[①]。与此同时，另一项法案也获通过。法案授权英国议会向加拿大提供三百万加元的贷款，支持建设跨殖民地铁路。

《英属北美法案》建立在英国宪法的基础之上，借鉴了美国宪法中的一些做法，根据新情况增加了一些新条款。自治领政府由四部分组成：督军、执行委员会或内阁、参议院和众议院。这就意味着权力一分为三：国王、贵族和平民，因为督军和内阁可以视为一个小集团。

督军代表英国王室，他和大不列颠的元首一样，在行使职能时会受到严格的限制。督军由维多利亚女王任命，任期为五年，是加拿大海陆两军的总司令。督军有权任命副督军和大法官，有权减轻法院的判罚。督军应听取内阁大臣的建议后行事，但也有权否决任何议案。

内阁或执行委员会是督军的顾问团，由十三名议会议员组成。内阁对人民负责，只有得到人民的信任时才

[①] 见附录 A。——原注

能执政。

参议院不经选举产生，其议员为终身制，由督军提名。加拿大作为一个纯粹的民主国家，参议院的建制要尽可能与上议院保持一致。加拿大联盟时期，参议院由七十二名议员组成，安大略和魁北克各二十四名，新斯科舍和新不伦瑞克各十二名。参议员必须为英国公民，必须居住在其所代表的省，必须拥有价值四千加元以上的可支配性财产。

众议院直接代表人民，议员由人民选举产生，通常任期为五年，督军因特殊原因解散议院（经常发生）的情况除外。如果众议院议员被任命为内阁成员，他需要先辞去众议院议员，再经过选举获得人民同意后方可到内阁任职。众议院议员必须是英国公民，拥有价值两千五百加元以上的财产。加拿大联盟时期，众议院由一百八十一名成员组成，其中，魁北克六十五名，安大略八十二名，新斯科舍十九名，新不伦瑞克十五名。根据人口数量决定代表人数的原则，各省的代表人数会根据十年一次的人口普查数据进行调整。魁北克的代表人数为六十五名，其他省的代表人数也应该依据魁北克代表人数和其总人口数的比例而定。1891年人口普查之后，各省的代表人数进行了调整。1896年大选过后，众议院议员总数为二百一十三名，其中，魁北克六十五名，安大略九十二名，新斯科舍二十名，新不伦瑞克十四名，爱德华王子岛五名，曼尼托巴七名，不列颠—哥伦比亚省六名，西北地区四名。

在《英属北美法案》基础上成立的是联邦联盟，而不是立法联盟。立法联盟是将各省或各州置于中央政府之下，中央政府管理所有的省级事务，省级建制取消了。联邦联盟指各省或州在保留自己政府建制及处理各自地方和内部事务的前提下，再组建一个中央政府，中央政府负责处理各省或各州共有的事务或问题。根据《英属北美法案》规定，上加拿大和下加拿大分别改称安大略和魁北克。安大略、魁北克和新斯科舍、新不伦瑞克省都保留了各自的省级立法机构，由完全的责任政府管理。省级立法机构通常由三部分组成：督军、立法委员会和议会。安大略没有立法委员会，其立法机构比较特殊。

加拿大联盟和美国联邦的最大区别在于主权归属不同。美国联邦成立时，各州都享有自己的主权，中央政府只拥有各州赋予它的一些权力；英属北美各省在联盟时的情况则不同，王室拥有绝对的主权，由渥太华中央政府代理实施，渥太华中央政府再将部分权力下放给各省。各省需要各自管理的事务有公共工程、教育、主要的地方司法行政、许可证、市政建制和地方直接税收等。渥太华中央政府管理的事务有商业贸易、邮政服务、人

第一章

口普查、军队国防、渔业、货币制度、银行业、印第安事务、刑法、上诉事宜等。

1867年7月1日，《英属北美法案》正式生效。加拿大法律将7月1日定为"自治领日"，用以纪念加拿大自治领的诞生，这一天也成了加拿大的法定假日。7月1日之于加拿大人，就像7月4日之于爱国的美国人，是值得骄傲和自豪的日子。从这一天起，加拿大成为一个自由的国度，同时与大英帝国保持着一种温柔的权属关系。几十年来它们从未发生任何不快。维系母国和强大子国关系的真正纽带不是权力而是彼此的同情。埃德蒙·伯克[①]竭尽全力阻止1776年残酷的流血战争爆发时，希望英国和十三个殖民地之间保持的关系就是这样一种理想状态。这位有远见卓识的演说家在《与美国和解》的演说中讲道："我理想中的母国和殖民地之间的关系应该是相亲相爱的，毕竟我们有一样的名字、一样的血缘、共同的利益和共同的需要。这些就构成了我们之间的纽带，虽轻如丝绢，但牢如铁链。"

[①] 埃德蒙·伯克（Edmund Burke, 1729—1797），爱尔兰政治家、作家、演说家、政治理论家、哲学家。1766年到1794年，他任英国众议院议员。他一贯反对英王乔治三世和英国政府对北美殖民地的统治，支持美国独立战争，批判法国大革命。在哲学界，他被视为现代保守主义的奠基人。他的主要作品有：《与美国和解》和《对法国大革命的反思》。——译者注

第二章

第一节　自治领第一届议会会议召开

　　富有远见的政治家们所提的方案终于结出果实。爱国者们的梦想也变为了现实。被荒野隔离开来的四个省曾势单力薄①、彼此忌妒、互不信任，现在仿佛一夜之间团结了起来，组成了强大的联邦，而且还有继续扩张的态势。新生机体的各个器官之间开始有了国家生命之血液的流动，虽然缓慢但却源源不断。不过，在充满敌意的批评家看来，加拿大自治领只是暂时的，成不了什

---

① 联盟之前，各省的面积及人口如下：魁北克省面积十八万八千六百八十八平方英里，一百一十一万一千五百六十六人；安大略省面积十万一千七百三十三平方英里，一百三十九万六千零九十一人；新斯科舍省面积二万零九百零七平方英里，三十三万零八百五十七人；新不伦瑞克省面积二万六千一百七十三平方英里，二十五万二千零四十七人。以上是1861年的统计数据。——原注

么大气候。他们断言加拿大自治领是一次失败的实验。就连热情高涨的自治领大厦建造者们也都小心翼翼,生怕一不留神大厦会像纸牌屋一样瞬间倾覆。他们离大厦太近,未能将坚固的大型结构放入,也不知道哪些建材至关重要。事实上,真正伟大工程的竣工离不开想象力、灵感和坚定的信念。大厦巍然屹立之时,我们才会看到其清晰的面貌。当自治领成立之日的钟声、欢呼声和炮声响彻天空时,就连那些最为乐观的人恐怕也不会想到十二年后加拿大会变成一个横跨半个大陆的泱泱大国。短短十二年,加拿大的面积就从三十三万八千平方英里增加到三百五十万平方英里,比不含阿拉斯加在内的美国面积还要大。

从 1867 年加拿大自治领成立日起,加拿大历史进入了第三个阶段,也就是我们现在所处的时期。这一时期的基本特征是开疆拓土、巩固基业。我们已经讲过从前二十五年的疆域扩张,加拿大的财富不断增长,影响力不断提高。这是第一个基本特征:开疆拓土。但我们还需不断努力将偏远地区真正融入到自治领的大家庭里来,形成凝聚力。这就是第二个基本特征:巩固基业。可以写入加拿大近代史的重大事件都与开疆拓土和巩固基业有关。其他事件我们会在行文中提及,但不会深入地讲述。

第二章

加拿大自治领首任督军是蒙克爵士[①]。他领导有方,处事谨慎,恪守责任政府原则,在建立新秩序方面做了很多工作。为了推进加拿大联盟,约翰·亚历山大·麦克唐纳的贡献无人能及。于是,他受封为爵士。随后,他被委以组建内阁的重任。加拿大党派政治进入了新的历史时期。约翰·亚历山大·麦克唐纳打破旧阵营,建立了新阵营。这位拥有非凡智慧的新总理公布了下面的执政理念:"我希望那些积极促成新政府成立,并在联邦各领域用他们的影响力去实现该目标的卓越之士能助我一臂之力,无论他们过去属于哪个党派。我也希望那些代表联邦各省多数人利益的有识之士,能加入新政府助我一臂之力,无论他们来自哪个党派。现在迫切需要能使新机制顺利运行的人才,所以不是谈党派问题的时候。我希望加入内阁的人要代表各自部门多数人的利益,要对政府充满信心,支持新体制,乐见新体制成功运转。"依照这些原则,约翰·亚历山大·麦克唐纳征召了六位改革派人士和六位保守派人士,组建了十三人内阁。内阁成员来源如下:安大略省改革派占多数,有三位改革派成员(威廉·麦克杜格尔、威廉·皮尔斯·豪兰和布

[①] 查理·斯坦利·蒙克(Charles Stanley Monck,1819—1894),爱尔兰籍英国政治家、殖民地官员。蒙克曾任英国议会议员(1852—1857)、英属北美总督兼加拿大省总督(1861—1867)、加拿大自治领首任总督(1867—1868)。1869年,蒙克返回家乡,定居爱尔兰。——译者注

加拿大自治领大厦建造者们。后来,他们被尊称为"加拿大联邦国父"。罗伯特·哈里斯(Robert Harris,1849—1919)绘

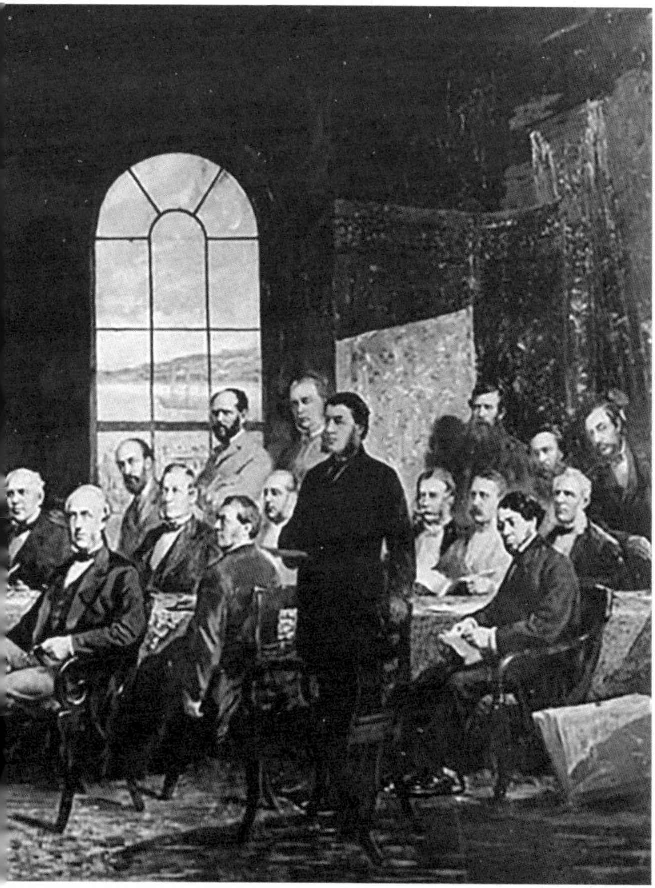

加拿大自治领首任督军蒙克爵士。威廉·诺特曼（William Notman，1826—1891）摄

莱尔)和两位保守派成员(约翰·亚历山大·麦克唐纳和亚历山大·坎贝尔);魁北克省保守派占多数,有四位保守派成员(乔治·艾蒂安·卡地亚、赫克托·郎之万、让－查理·沙佩和高尔特);新不伦瑞克省为两位改革派成员(塞缪尔·伦纳德·蒂利和彼得·米切尔);新斯科舍省为一位改革派成员(亚当斯·乔治·阿奇博尔德)和一位保守派成员(肯尼)。参议院议员的任命也采取了相似的规则。加拿大首届参议院由三十六位改革派议员和三十六位保守派议员组成。加拿大整个政治面貌发生了改变。约翰·亚历山大·麦克唐纳领导的新党由保守派和改革派人士组成,取名为"自由—保守党";而那些反对联合的改革派就成了反对党,取名为"自由党"。有趣的是,自由—保守党这种叫法显得很拗口,历史上多用其绰号"托利党"或"自—保党"来代指,而自由党也回归其旧绰号"砂砾党"。

1867年秋,加拿大依照《联合法案》进行了首次选举。选举过程中,竞争非常激烈。安大略省的乔治·布朗及其所属的改革党猛烈抨击两党联合的原则。他们称,经约翰·亚历山大·麦克唐纳征召而进入内阁的改革党人为"政治叛徒"。安大略省没有反联邦的党派。在新不伦瑞克省和新斯科舍省,联邦派和反联邦派之间斗争激烈。安大略、魁北克和新不伦瑞克三省大部分人支持麦克唐纳政府，支持联邦和两党联合的原则。但新斯科舍省的情况完全不同。新斯科舍没有经过投票同意就加入联邦，这犯了众怒。约瑟夫·豪雄辩滔滔，他领导新斯科舍人掀起了反联邦的浪潮。所有支持联邦的候选人全部落选，只有不屈不挠的查理·塔伯像一座寂寞的孤塔一样站到了最后。

1867年11月7日，加拿大自治领的首届议会在渥太华举行。督军蒙克爵士代表王室致辞。他谈到了自治领的美好未来，转达了来自母国的慰问。他还预言，年轻的联邦在未来（事实上比他预想的时间还要短）必将会拥有从大洋到大洋的疆域。本届议会主要进行了实际的立法工作，没有时间进行党派斗争。议会决定采取措施建设连接各省的铁路。关于关税、消费税、邮政服务等问题急需讨论解决。双重代表问题也在议会上提了出来。新政体没有规定自治领议会议员不能再拥有省级立法机构的议员席位。一项结束双重代表现象的法案一开始通过，后又撤销。因此，双重代表在安大略和魁北克省继续盛行了好些年。然而，沿海省不存在双重代表的问题，因为省级立法机构通过了相关立法，所以这种现象没有发生。

在首届议会中，纳入西北地区的提议或许是最了不起的事情了，这展现了年轻联邦的非凡气质、自立精神和远大抱负。主要倡议者是威廉·麦克杜格尔,他一直对西北地区的事务情有独钟。一份公文已递交给英国王室,请求王室能将哈得孙海湾地区——整个西北地区和鲁伯特地区[①]——的管辖权移交给自治领政府。提出该请求的理由有二:其一,哈得孙海湾公司并没有认真履行管理该地区的义务,不利于该地区的发展;其二,如果加拿大不纳入这片土地,美国在吞并阿拉斯加后,就会打这片土地的主意。我们会发现,威廉·麦克杜格尔的行动最终结出了累累硕果。

第二节 新斯科舍省与自治领政府修好

自治领政府成立的第二年,一起震惊整个加拿大的恐怖事件发生了,即托马斯·达尔斯·麦吉遭暗杀事件。托马斯·达尔斯·麦吉是爱尔兰裔爱国政治家。他能言善辩,在爱尔兰同胞中具有强大的影响力。在加拿大联盟的过程中,他做出了不朽的贡献。托马斯·达尔斯·麦吉在议会会议上最后一次发言,呼吁人们对主张脱离联邦的新斯科舍反联盟派人士要保持耐心与平和。1868年

[①] 鲁伯特地区,曾是英国哈得孙湾公司的管辖地,包括今曼尼托巴省全部、萨斯喀彻温省大部、阿尔伯塔省和努纳武特地区南部、安大略省和魁北克省北部。因哈得孙湾公司首任总督是查理一世之侄莱茵的鲁伯特王子,故该地区又称"鲁伯特王子领地"。——译者注

4月7日凌晨两点，议会休会。白雪覆盖的渥太华街道异常静谧。托马斯·达尔斯·麦吉弯腰掏出钥匙开门时，凶手从他的身后窜了出来，朝他头部开了一枪。加拿大（尤其是蒙特利尔）分散着许多芬尼亚兄弟会成员，他们自然会被疑为凶手。托马斯·达尔斯·麦吉曾积极投身于爱尔兰统一运动，勇敢无畏地谴责了芬尼亚兄弟会的行为。他威胁芬尼亚兄弟会成员会将他们的许多秘密曝光。他还利用自己的威望劝说爱尔兰同胞不要加入该组织。芬尼亚兄弟会公开威胁他，但托马斯·达尔斯·麦吉根本没有在意，最后他牺牲了生命。政府悬赏两万加元抓捕凶手。过了不久，一个叫帕特里克·J.惠兰的芬尼亚分子被捕，后被处以绞刑。爱国烈士托马斯·达尔斯·麦吉的光辉名字永载史册。不过，烈士的鲜血没有白流。托马斯·达尔斯·麦吉的牺牲使不同省、不同民族、不同党派的人们更紧密地团结起来了，强烈的民族情感油然而生了。

新斯科舍一直充斥着退出联盟的气氛。尽管约瑟夫·豪及其追随者在渥太华发表言论时比较温和，但在自己的选区发表竞选演说时言辞却比较激烈。哈利法克斯的新议会通过决议，要求新斯科舍省退出联盟。约瑟夫·豪率领代表团前往伦敦向王室递交决议书。约瑟夫·豪离开新斯科舍期间，反联盟的情绪开始降温。不

托马斯·达尔斯·麦吉的葬礼。詹姆斯·英格利斯（James Inglis，生卒不详）摄

久，掌管民族命运的大手为新斯科舍送去了温暖的抚慰。于是，她与姐妹省的关系变得亲切起来。1867年的捕鱼季，新斯科舍省的渔民几乎没有什么收获；1868年冬，他们只有挨饿的份儿了。加拿大其他省纷纷伸出了援手，大批的资金和粮食送到了新斯科舍灾区。在这种慷慨、温暖的支援下，新斯科舍省慢慢地渡过了难关。

英国议会没有支持约瑟夫·豪带到伦敦的决议，断然否决了新斯科舍退出联盟的要求。代表团成员返回哈利法克斯后，发现他们应该考虑接受联盟的现实了。秋天，约翰·亚历山大·麦克唐纳和自治领其他领导人一道来到哈利法克斯，希望化解与新斯科舍的矛盾，但没有成功。不久，约瑟夫·豪公开发表声明，宣称继续要求退出联盟已经没有什么实际意义了。他建议新斯科舍放弃退出联盟的想法，争取在自治领政府那里获得更好的待遇。之后，自治领政府代表和约瑟夫·豪谈判，认为新斯科舍提出的一些赔偿要求是公平合理的。最终，自治领政府同意承担新斯科舍省的大部分债务，数额远超当初《联盟法案》中列出的预算额，并且同意未来十年中每年向新斯科舍补贴八万两千六百九十八加元，以弥补其财政收入的损失。新斯科舍接受了这些条件，豪也接受了联盟，同时还获得了自治领内阁的一个席位（1869）。约瑟夫·豪因此遭到部分人士的强烈谴责，

第二章

但他一心为全省谋福利却是不争的事实。他是一位天生的领导者,总能赢得民心;他上台演讲,不管形势对他多么不利,总能获得人们的支持。1869年,纽芬兰议会决定加入联盟,还派谢伊和卡特两位使者前往渥太华谈判。但一次选举后,纽芬兰的情况发生了变化,联盟的倡议一连多年被思想不够开化、占多数席位的人士否决。因为他们听说联盟意味着更多的税收,所以十分抵触。

就在1869年,密歇根州议员钱德勒在美国参议院会议上提出,为了解决"亚拉巴马"号索赔争议,应该要求英国将加拿大送给美国。加拿大马上回击,要求美国政府赔偿巨额的损失,因为美国支持和鼓励芬尼亚兄弟会在加拿大搞破坏。钱德勒议员的提议激发了年轻的自治领强烈的民族情感。不久,美国渔民唤醒了我们心中强烈的民族意识。长期以来,美国渔民在加拿大沿海省富饶的近海和海湾地区非法捕鱼。事实上,美国废除《互惠条约》后,这些渔民就无权再在这里捕鱼了。然而,过去的一段时间里,加拿大不愿意在维护权利时表现得太苛刻,从而纵容了偷渔者,加拿大渔民蒙受了惨重的损失。加拿大渔民深恨美国偷渔者。这时,就连少数力主加拿大并入美国的人也迅速转变了思想。1869年,随着亚瑟王子[①]的到访，人民对王室的忠诚普遍苏醒了。这很大程度上改变了美国人的想法——再也不觉得加拿大会投入美国的怀抱了。加拿大寻找一切机会巩固自治领的基业。

第三节 红河定居点变身曼尼托巴省

1870 年，纳入西北地区的谈判进展顺利。最大的阻力来自哈得孙海湾公司，它宣称整个西北地区归其所有。加拿大自治领当然不同意该说法。这里就不谈各种反驳理由了。然而，加拿大自治领最终发现，其实，买断哈得孙海湾公司主张的所有权是最简单、最公平的做法。迫于英国王室的压力，哈得孙海湾公司也向加拿大自治领做出让步，放弃了长期以来在西北地区的土地所有权和贸易垄断权。作为回报，哈得孙海湾公司得到三十万英镑的现金、所有测定土地的二十分之一作为未来的备用地以及免于过重征税的保证。哈得孙海湾公司继续保

[①] 即亚瑟·威廉·帕特里克·阿尔伯特（Arthur William Patrick Albert, 1850—1942），英国维多利亚女王和阿尔伯特亲王的第七个孩子，封康诺特和斯特拉森公爵，加拿大自治领第十任督军（1911—1916）。亚瑟王子自幼喜欢军事，1868 年从皇家军事学院毕业后，曾先后在南非、加拿大、爱尔兰、埃及、印度服役。1870 年 5 月 25 日，在加拿大服役的亚瑟王子与加拿大人并肩作战，在埃克尔斯战役中击退了芬尼亚兄弟会的入侵。担任加拿大督军期间，他为民请命，深受人民爱戴。——译者注

第二章

持其贸易地位、对当地人的影响和毛皮生意特设机构。尽管已经不再代表国家权力，但该公司仍然是西北地区的商业巨头，而 H. B. C[①] 字样已深入人心。

英国留给加拿大广袤无垠的土地。因此，就算英国从中分走一部分，加拿大也不会觉得有何损失。西北地区的湖泊就是内海，水进土退，直抵内陆深处。虽然马更歇河只流经西北地区的一角，但绵延了两千英里。萨斯喀彻温河水流壮观，绵延一千三百英里，不是奔向海洋，而是注入大陆中心的温尼伯湖。从温尼伯湖向西一直到落基山脉，肥沃的北美麦田一望无际，完美的夏季气温造就了小麦的优良品质。连绵不绝的黑土地注定成为世界的粮仓。这里生机盎然，令人振奋。加拿大东部地区的冬季奇冷无比，但这里的冬季因干燥无风，人们感觉不到多少不适。人们甚至不知道，这里的温度计显示的温度其实要比潮湿多风的东部地区的温度还低。春天似乎一夜之间就降临了，鲜花竞相盛开，点缀着无垠的平原。夏天，炎热划过天际，迅速蔓延，庄稼快速成熟。干草、根菜和谷物的收成也很惊人。平原越往落基山下伸，越不适合种植小麦，但作为牧场，却是极佳的，因为从落基山脉东侧吹来的奇努克暖风让这里的冬季不太

---

① Hudson's Bay Company（哈得孙海湾公司）的缩写。——译者注

冷。因此，整个冬天这里丰富的牧草都是绿的，牲口无须圈养。等温线再往北就是皮斯河和阿萨巴斯卡河流域的新斯科舍了，那里气候温和；马更歇河上游地区并非完全不适合农耕。这里的河湖中鱼类众多，地表下储藏着丰富的煤炭资源，石油资源一直延伸至北极圈，还有很多其他矿藏。在西北地区东部高原，岩石遍布，急流纵横，矮树点缀其间。西北地区北部的草原蕴藏着黄金、铁、铜、镍等资源。总之，西北地区蕴藏着各种丰富的资源，其未来充满了无限的可能，人们可以展开想象，尽情预测。

很长时间以来，在世人眼里，西北地区一片荒芜。除了少数毛皮贸易公司的作业点外，这里生活着居无定所的印第安人和红河定居点一万两千居民，其中有近一万人是混血后裔。哈得孙海湾公司刚将西北地区移交给加拿大，加拿大大批测量员就涌入了，规划道路、住宅和市政用地。很快，加拿大发现，棘手的不只是哈得孙海湾公司。红河定居点的居民以抗议的方式表达了愤怒：权力转移的过程中，他们的利益没有受到保护；他们被迁移到环境恶劣的地方定居；加拿大测量员不够尊重他们，认为他们是劣等人种；他们预测，在测量和道路规划建设过程中，赋税会加重。这些混血后裔分为两个阵营：一部分带有苏格兰血统，说英语，信仰新教；

第二章

另一部分带有法国血统,说法语,信奉罗马天主教。两个阵营都害怕纳入加拿大自治领后,好处都被对方占去。然而,使问题复杂化的还不止这些人。在两千多纯种白人中,确实有许多人为加入加拿大自治领而奋斗,但芬兰裔白人却幼稚地幻想着在红河建立一个自己的共和国;而美国裔白人则一心想着独霸红河。

局势越来越糟了。哈得孙海湾公司的官员们隔岸观火,没有采取控制措施。路易·瑞尔[①]领导法国混血后裔为维护自己的权益而斗争,于是,矛盾公开化了。当威廉·麦克杜格尔前往加里堡任总督的消息传来时,路易·瑞尔和他的追随者公然反抗(1869)。他们占领了加里堡,组建了"临时政府",路易·瑞尔被选为临时总督。威廉·麦克杜格尔经明尼苏达来上任,进入红河地区前被混血后裔拦下。混血后裔不准他入境。英国居民替加拿大自治领说话,提醒路易·瑞尔注意,但路易·瑞尔根本不为所动。威廉·麦克杜格尔站在明尼苏达荒野上,怒吼着命令混血后裔放下武器,但他收到只有轻蔑

[①] 路易·瑞尔(Louis Riel,1844—1885),法裔加拿大政治家、曼尼托巴省建立的奠基者。路易·瑞尔曾两次领导加拿大西部平原上的梅蒂斯人反抗加拿大自治领政府(1869年到1870年的红河叛乱和1885年的西北叛乱),以保护他们的权益和文化,被梅蒂斯人视为精神领袖。路易·瑞尔对魁北克和加拿大英语地区的关系产生了持久的影响,应该将他视为加拿大自治领奠基人还是叛国者一直存在争议。——译者注

的嘲笑。

路易·瑞尔的父亲是纯种白人，母亲是混血。他在蒙特利尔接受了神学教育，但回到红河地区，却没有从事神职工作。孩提时，他就因体格健壮、在同伴中有号召力而闻名。他擅长演说，学识渊博，深谙混血法裔的心理。他雄心勃勃，抱负远大，但却有一定程度的妄想。要不是他自负地认为可以另立门户的话，他或许已经是西北地区的领导者了，因为他为混血法裔同胞们争取到的诸多利益是有目共睹的。然而，最终，躁动的他还是选择拿起了武器。定居点里没有谁比他更强大，也没有谁能与他抗衡。他的狂热征服了所有法裔加拿大移民们，包括那些原本不愿臣服他的人。后来，一件事让他的疯狂达到了顶点。犯人中有一位来自安大略的年轻移民叫托马斯·斯科特[1]，他性情刚烈，对路易·瑞尔非常不屑。路易·瑞尔非常气恼，决定杀鸡儆猴，从而从心理上威慑亲加拿大派。年轻的托马斯·斯科特被军事法庭指控对抗临时政府，后被判处死刑。路易·瑞尔一意孤行，不听任何人的辩护和求情，也不考虑会发生什么后果。

---

[1] 托马斯·斯科特（Thomas Scott，1842—1870），爱尔兰裔新教徒，1863年来到加拿大安大略省。红河叛乱时期，托马斯·斯科特受雇于加拿大自治领政府，从事土地测量工作。他支持将红河定居点并入自治领政府的计划，残酷对待红河地区的梅蒂斯人，曾两次被路易·瑞尔的临时政府抓捕入狱。——译者注

第二章

1870年3月4日，托马斯·斯科特被带到加里堡的墙下，像狗一样被射杀在雪地里。这不是处决，而是谋杀，极残忍的谋杀！消息一出，加拿大东部地区响起了复仇的阵阵怒吼。人们自愿拿起武器参战，数以千计的报名者中有七百人被征召。一支五百人的红河正规远征军组建了，然后马不停蹄地向加里堡挺进。

谋杀托马斯·斯科特事件发生后不久，为了调解渥太华和混血法裔之间的矛盾，深受梅蒂斯人[①]爱戴的大主教亚历山大－安东尼·塔什[②]就赶到了加里堡。他邀请混血法裔代表去参观首都，并且承诺那些参与叛乱的人会得到赦免。其实，这种承诺在谋杀托马斯·斯科特事件发生前就做出了，只是加拿大自治领政府认为杀人凶手不能放过。然而，为了寻求和平，好心的大主教一味地宽恕和原谅，致使一连串的问题成为后遗症。不过，因为主教亲自来说和，加之远征军不久将至的消息传来，所以调解很快便成功了。路易·瑞尔成了忠君典范，甚

[①] 梅蒂斯人（Métis）是印第安人与欧洲白人后裔。加拿大最早的梅蒂斯人就是印第安女子与在西北地区经营毛皮生意的法国商人所生的子女。梅蒂斯人在历史、司法、政治、语言和文化等诸多方面构成了加拿大的特殊群体。1982年，加拿大新宪法正式承认了梅蒂斯人的法律地位。——译者注

[②] 亚历山大－安东尼·塔什（Alexandre-Antonin Taché，1823—1894），加拿大罗马天主教神父、曼尼托巴省圣博尼费斯首任大主教。亚历山大－安东尼·塔什积极推动加拿大东部地区的天主教家庭移居西北地区。1872年后，他还积极组织来自美国和欧洲的天主教家庭向加拿大西北地区移民，为加拿大西北地区的繁荣做出了巨大贡献。——译者注

路易·瑞尔和他的临时政府成员。居中而坐者是路易·瑞尔。摄者信息不详

1870年3月4日，托马斯·斯科特被带到加里堡的墙下，像狗一样被射杀在雪地里。绘者信息不详

至热烈庆祝维多利亚女王的生日。他抱怨他的芬兰助手奥多诺霍不够忠心。临时政府马上派出代表前往渥太华商谈加入自治领的条件。

红河远征军由加内特·沃尔斯利[①]上校指挥。因为他率领着军队，所以不能穿越美国领土。他选择了之前皮货商人的路线，经过苏必利尔湖，然后在五百英里的荒野上跋涉。远征军还在途中[②]，《曼尼托巴法案》通过了，曼尼托巴成了自治领政府的一个省。根据《曼尼托巴法案》，混血后裔拥有不少于一百四十万英亩的土地，路易·瑞尔大声疾呼的许多要求都得到了满足。

1870年8月，红河远征军走出荒野到达加里堡时，已经不需再做什么了，因为战斗的号角刚刚响起，路易·瑞尔及其追随者就已经不见了踪影，叛乱就这样结束了。路易·瑞尔逃亡到临省，等待几年后东山再起。为了表明对自治领政府的忠诚，加内特·沃尔斯利远征军中的许多志愿者在这个新省安顿下来。这里的土地法

---

① 加内特·约瑟夫·沃尔斯利（Garnet Joseh Wolseley，1833—1913），维多利亚时代著名军事人物。他曾参加过第二次缅甸战争、克里米亚战争、第二次鸦片战争、平定印度叛乱、平定加拿大红河叛乱、镇压西非阿散蒂联邦。1890年到1900年，他任驻爱尔兰英军司令。1894年，他晋升为陆军元帅。——译者注
② 1870年春，路易·瑞尔在加里堡搞叛乱，而芬尼亚兄弟会再次试图入侵加拿大边境。值得一提的是，芬尼亚兄弟会深爱的爱尔兰三叶草标志居然出现在叛军的旗帜上，这让芬尼亚兄弟会深感耻辱。——原注

第二章

赋予了人们最大的自由。因此，移民们蜂拥而至。红河岸边曾经的哈得孙湾贸易站变成了繁华的温尼伯市，街道纵横交错，一派繁忙的现代景象。新省的首任总督[①]是来自新斯科舍省的亚当斯·乔治·阿奇博尔德，他循着加内特·沃尔斯利远征军的足迹上任了。

现在，与美国签订新的互惠条约没有希望了。为了保护渔业不受美国偷渔者的侵犯，加拿大拿《1818年条约》[②]说事，并派巡逻舰警告偷渔者。那些无视警告的渔船先是被扣押，然后接受法律制裁，最终被卖掉。加拿大再也不愿自己的资源任由他人掠夺了！于是，美国人就开始大肆威胁加拿大。在这种形势下，加拿大通过了自己的《民兵法案》。加拿大已经有能力自卫了，英国撤走了军队。1868年到1869年，英国派驻加拿大的正规军多达一万六千人，之后这一数字锐减至两千以下。除了哈利法克斯的大量防御工事还归英国以及该城作为英国海军在北大西洋的军事基地的性质没变外，英国将其他防御工事、武器装备和军火库全都留给加拿大，包括魁北克这一古老的军事要塞。年轻的加拿大学会了独自面对困难，变得更加自立了。

1870年，灾难频发。北方省大火肆虐，在一次大火中，

[①] 威廉·麦克杜格尔被任命为总督时，这里尚未建省，管理混乱。——原注
[②] 即尊重渔业、边境和奴隶赔偿的协定。——原注

加内特·沃尔斯利。出自《伦敦新闻》

红河远征军。弗朗西斯·安妮·霍普金(Frances Anne Hopkins, 1838—1919)绘

魁北克倒塌了四百座房子。凶猛的野火包围了渥太华。为了灭火，丽都运河被掘开。最后，大水淹没了所有低地。新斯科舍省发生了一起离奇的大爆炸，英曼公司[①]的一艘蒸汽船在爆炸中化为乌有。1月25日，该船从纽约起航，到达哈利法克斯后，又搭载了许多新斯科舍的乘客。1月28日，船驶出哈利法克斯港，此后再无音讯。后半年海啸和飓风频发，重创了沿海地带，向岸上一望，满目疮痍，一片狼藉。战争、火灾、海难给加拿大带来的伤痛好像还不够多似的。10月20日，加拿大又遭遇了地震。虽然地震没有造成严重损失，但人们的精神已经疲惫不堪。多灾多难的1870年就这样悄然到了尽头。

[①] 英曼公司是1850年到1900年英国垄断大西洋航线的三家邮轮公司之一。其他两家公司为冠达和白星。——译者注

第三章

第一节 不列颠—哥伦比亚加入自治领

1871年，不列颠—哥伦比亚加入了自治领政府。至此，自治领政府的缔造者们的梦想——将加拿大的领土从大西洋海岸拓展到太平洋海岸——实现了。一年前，不列颠—哥伦比亚立法机构就通过了加入自治领政府的决议，这是总督安东尼·马斯格雷夫①先生不懈努力的结果。他是一位有远见的政治家。当初担任纽芬兰总督时，他差点儿促成这片古老的殖民地加入自治领政府。

---

① 安东尼·马斯格雷夫（Anthony Musgrave，1828—1888），英国政治家、殖民地官员，历任加勒比海背风群岛总督（1854—1862）、圣文森特和格林纳丁斯岛总督（1862—1864）、纽芬兰总督（1864—1869）、温哥华岛和不列颠—哥伦比亚联合殖民地总督（1869—1871）、南非纳塔尔总督（1872—1873）、南澳大利亚总督（1873—1877）、牙买加总督（1877—1883）、昆士兰总督（1883—1888）。——译者注

不列颠—哥伦比亚的代表们奉命前往渥太华商谈加入自治领事宜。1871年,加拿大议会热烈讨论了不列颠—哥伦比亚加入联邦一事,最终接受了这个太平洋省,条件是不列颠—哥伦比亚要建一条能够与东部省相连的铁路。不列颠—哥伦比亚加入自治领两年内,这条跨大洲的铁路就要开工,十年内建成。众所周知,该要求确实过高了。最终,铁路并未在约定时间内完工,而是延长了五年。然而,在资源有限的情况下,敢于建设如此浩大的工程,这需要怎样的信念和斗志啊!这足以证明我们对国家的未来充满了无限的信心。不列颠—哥伦比亚加入自治领后,加拿大广阔的领土引起世界瞩目,北半球突然崛起的年轻巨人使人们产生了莫大的兴趣。

　　自治领的这个新省的面积要比魁北克、安大略、新斯科舍和新不伦瑞克这几个省的面积总和还大。从前,人们称不列颠—哥伦比亚为"山的海洋",但从雪山上倾泻而下的洪流里含着砂金,山岩峭壁下埋着各种贵金属,山脚下蕴藏着丰富的优质的煤碳资源。这里陡峭的山坡披着华丽的森林外衣,全世界木材贸易的需求均可满足。河湾中的鱼儿成群游弋。总之,不列颠—哥伦比亚主要资源包括矿与煤、渔业和木材。同时,这里不缺耕地。弗雷泽河三角洲就像一座大花园,各种各样的农作物竞相生长。内陆和温哥华岛遍布山谷,形成了上百万英亩的沃土,无与伦比的温和气候使这里的冬天永远像春天。该省北部的一片区域,大概就是皮斯河源头一带,必定会吸引一批人移居过去。加入自治领之初,不列颠—哥伦比亚省只有三万六千人,其中多半还不是白人。不久,财富和人口便开始向这里集聚。一座座小镇和城市拔地而起,就像魔法师用魔法棒变出来似的。这根魔法棒就是了不起的铁路。关于铁路修建的历史,我们下文还会专门讲到。

随着领土面积的大幅增加,加拿大急需解决与近邻美国在一些问题上的争议。最终,它们签署了《华盛顿条约》。双方存在的争议有:芬尼亚兄弟会袭击所造成的损失、双方在渔业方面的矛盾、圣劳伦斯流域的通航问题、不列颠—哥伦比亚省南部边界不确定问题。英国借机解决了与美国的"亚拉巴马"号索赔的争端。英美两国同意建立联合委员会,约翰·亚历山大·麦克唐纳作为加拿大代表参加联合委员会。1871年2月27日,联合委员会在华盛顿召开会议。我们可以预想到,为了和平,加拿大会付出最大的代价。

《华盛顿条约》解决的是以下四个争端:(一)圣胡安岛所有权问题;(二)加拿大与阿拉斯加边界问题;(三)允许美国人在加拿大近海捕鱼和在圣劳伦斯水域通航问题;(四)美国的贸易因"亚拉巴马"号遭受损

失而要求索赔的问题，以及加拿大因芬尼亚兄弟会袭击遭受损失而要求索赔的问题。上文已经讲过圣胡安岛所有权问题。不列颠—哥伦比亚和阿拉斯加之间的边界问题，尤其是关于北纬54度40分处狭长地带的宽度争议问题，交由联合委员会仲裁后，因为数据资料不充分，所以没有最终解决。后来，阿拉斯加发现了金矿，引来了众多淘金者。然而，一些金矿的所属权却非常不明确，必须重新调查界定。因此，争议远远没有结束。

  为了解决渔业方面的争端，联合委员会制定了一项为期十二年的协议。该协议规定，允许两国水产品及鱼油免税进入对方市场。因为加拿大的水产品附加值更高，所以为享受这样的特权，美国要向加拿大支付一大笔费用，费用金额由联合委员会决定。美国人享有在圣劳伦斯河及其流域系统内的运河通航，而加拿大人则享有在圣克莱尔运河、育空河、波丘派恩河、思迪金河和密歇根湖上十二年的自由通航权。加拿大允许美国人从缅因丛林砍伐的木材经圣约翰河运送到海上。这些条款确保了双方货物可以在对方国家免税运输。也就是说，运向美国市场的货物，经过加拿大海域时，不需向加拿大海关缴纳关税；同样的道理，运往加拿大的货物，经过美国海域时，也不必缴关税。

  "亚拉巴马"号索赔争议也提交给联合委员会仲裁。

第二年，也就是1872年，仲裁委员们在日内瓦召开会议，最后判定英国向美国支付总计一千五百五十万美元的赔款。英国一次性赔给了美国。争议就此了结。至于加拿大因芬尼亚兄弟会袭击遭受损失而要求索赔的问题，英国坚持让加拿大放弃这样的诉求。最终，加拿大撤回了索赔要求。然而，这激起了加拿大人的不满。为了平息民愤，英国同意借给加拿大二百五十万英镑，用来建设横穿大洲的铁路和开凿运河。

加拿大极不情愿地接受了《华盛顿条约》。《华盛顿条约》满足了美国向加拿大提出的所有要求，而加拿大的诉求却被冷处理。正如一份知名加拿大法语杂志评论的那样，"我们真该感谢美国没有再向我们要什么"。

第二节 各省纪事

先来说说安大略和魁北克之间产生矛盾的事情。加入自治领时，两省负债累累。面对这样的情况，它们都习以为常了。自治领政府答应拿出一笔钱来分担它们的部分债务，但它们要协商一下各自应得的比例。自治领政府将此事交由仲裁委员会处理。仲裁委员会由三名仲裁员组成，他们分别来自魁北克省、安大略省和自治领政府。然而，安大略和魁北克的主张差异巨大。最后，魁北克的仲裁员甚至选择了退出，魁北克的立法机构也不愿再为此事耗费精力了。在自治领议会上，此事引发了激烈的讨论。最终，争议交由法院解决。

1871年，联邦政府开展了第一次人口普查工作。除曼尼托巴和不列颠—哥伦比亚外，加拿大总共有三百四十三万三千人①。当时，不列颠—哥伦比亚有三万六千人，曼尼托巴省有一万八千人。

1871年，连接圣约翰和班戈的欧洲—北美铁路开通，这大大促进了沿海各省的发展。1871年10月，邻邦美国遭遇了多年不遇的大火，火海几乎湮没了整个芝加哥，十五万人无家可归。加拿大不计前嫌，迅速采取行动，向灾区人民表达了深切的同情。一列列满载着食品和衣物的救援车迅速开往受灾现场。加拿大捐赠给芝加哥的物资总值超过了一百万美元。

新不伦瑞克省出现了一个检验自治领政府执政公平与否的问题。该省立法机构通过了一项新的《学校法案》，采用了一套免费入学体系，但同时规定普通教育应该与宗教教育相脱离。罗马天主教人士认为，他们的资助应该用在那些能教孩子们天主教教义的学校，那些对他们

---

① 其中，安大略省有一百六十二万零八百五十一人，魁北克省有一百一十三万九千一百一十九人，新斯科舍省有三十八万七千八百人，新不伦瑞克省有二十八万五千五百九十四人。——原注

第三章

无意义的学校机构不应该花他们这些纳税人的钱。他们还抱怨他们不仅在花钱办自己的学校,而且还在支持邻居的教育。而在许多新教教区,免费入学体系很受欢迎。家长们想让孩子在学校接受的教育就是普通教育。他们自己可以选择在家或主日学校(教堂)向孩子们传教。省立法机构通过《学校法案》后,有少数人呼吁自治领政府予以废除,因为该法案违反了《英属北美法案》中的某些规定。但自治领政府并没有这样做,而是强调废除与否完全是省级立法机构的事情。于是,该问题被上诉到英国法庭,经英国枢密院审理后最终宣布新不伦瑞克省1871年的《学校法案》受宪法保护。

前文讲到,不列颠哥—伦比亚加入联邦政府的条件是两年内开工修建横跨大陆的铁路。于是,1872年,约翰·亚历山大·麦克唐纳开始着手推动该事宜。项目很快就引起了资本家的兴趣,两家大公司参加竞标,争取铁路的施工权。一家是总部设在多伦多的跨洋铁路公司,另一家是由休·艾伦爵士组建的加拿大太平洋铁路公司,总部设在蒙特利尔。两家公司都是正式注册的公司。议会授权政府与其中一家或者其他新公司签订铁路建设合同。合同涉及的现金补贴、政府划地、特许权等问题均由议会决定,但政府也有较大的行动空间。

1872年，达费林伯爵①担任加拿大督军。在他的不懈努力下，民族认同感被唤醒了。他深得人民拥戴。同年，温布尔登网球赛上，加拿大选手战胜英国选手，举起了梦寐以求的克拉波尔杯（Kolapore Cup）。

　　新督军刚一上任，就有人呼吁他解散众议院。当年秋天，大选举行了。虽然约翰·亚历山大·麦克唐纳所在政党在议会中的人数有所下降，但仍占据多数席位，保住了执政地位。大选期间，执政党在魁北克铩羽而归，在安大略完败，但在沿海省却获得众多支持，从而抵消了在上述两省的损失。其中，新斯科舍省的变化最明显。1867年，该省选举的议员中只有一位支持自治领政府，但如今情况却正好相反，只有一位反对自治领政府。这表明，新斯科舍省已彻底接受了自治领政府。曼尼托巴省和不列颠—哥伦比亚省只就政府候选人组织了选举。

---

① 即弗雷德里克·坦普尔·汉密尔顿－坦普尔·布莱克伍德（Frederick Temple Hamilton-Temple Blackwood，1826—1902），英国外交家、殖民地官员。他曾任加拿大督军（1872—1878）、驻奥斯曼土耳其大使（1881—1884）、印度督军（1884—1888）、驻意大利大使（1889—1891）、驻法国大使（1892—1896）。——译者注

达费林伯爵。奥利弗·佩尔顿（Oliver Pelton，1798—1882）绘

第三节　爱德华王子岛加入自治领　　　政府的变化

1873 年，加拿大议会规定，自治领的选举应以无记名投票的方式进行，以防止选举过程中出现行贿和骚乱现象。在本次会议上，阿尔伯特地区议员约翰·华莱士[①]先生提议，加拿大应该向王室申请成为英联邦成员国。这一提议得到了一些响应，但最终没有进入投票表决环节。加拿大不打算有如此大的动作，而是继续以自己的方式积极开疆拓土。这时，爱德华王子岛也停止了观望，加入了自治领。

正如前文所述，贯串爱德华王子岛发展过程的主要问题，同时也是当前最紧迫的问题，那就是其主权的归属。爱德华王子岛加入自治领时，自治领政府划拨八十万美元预算买断了地主土地的所有权。两年后，长久以来的心病解决了，耕者有其田的目标实现了。爱德华王子岛人丁兴旺，有九万四千勤俭奋斗的人民。加拿大利用蜿蜒的窄轨铁路将该岛和大陆连接起来，同时保留了使用蒸汽船运输的方式。

[①] 约翰·华莱士（John Wallace，1812—1896），加拿大新不伦瑞克省农场主。在加拿大众议院，他是代表阿尔伯特地区的自由党议员（1867—1878）和自由—保守党议员（1883—1887）。——译者注

第三章

1873年春，加拿大几天内接连失去两位伟人。1873年5月20日，法裔加拿大政治家乔治·艾蒂安·卡地亚去世。1873年6月1日，新斯科舍演说家约瑟夫·豪去世。约瑟夫·豪在家乡担任过一个月的总督。他对家乡的杰出贡献有目共睹。

1873年，太平洋铁路丑闻[①]是加拿大议会史上最具轰动效应的事件。这是一起涉及党派的丑闻，不是与国家有关的重大问题。这场风暴的传言始于4月。1873年初，自治领政府接到两家铁路公司——跨太平洋公司和加拿大—太平洋公司——的报价。但究竟选择哪家公司，自治领政府无所适从。最后，自治领政府也没能促成两家公司合作。于是，政府就另选了一家公司——加拿大太平洋铁路公司。该公司的总裁是加拿大著名的金融资本家休·艾伦。休·艾伦还是艾伦蒸汽船航运和其他诸多机构的负责人。他为自治领政府事业的发展贡献过力量。该公司分摊了股份，这样一来，从哈利法克斯到维多利亚铁路沿线所有地方都有利可图。其中，安大略省

[①] 太平洋铁路丑闻：约翰·亚历山大·麦克唐纳领导的保守党政府将太平洋铁路工程交给一个私人公司，拨付了三千万加元的补贴，留出了五千万英亩的土地。该公司的领导就是实业家和运输业巨头休·艾伦。后来，自由党人发现，1872年的大选中，休·艾伦曾赞助保守党人共计约三十六万加元，从而获得了太平洋铁路建设合同。该丑闻直接导致保守党政府的倒台，太平洋铁路建设进度受到了极大的影响。——译者注

持有十三分之五的股份，魁北克省持有十三分之四的股份，新斯科舍、新不伦瑞克、曼尼托巴和不列颠—哥伦比亚各持有十三分之一的股份。1873年4月，来自谢福德地区的议员亨廷顿在众议院指控，政府将特许权卖给了加拿大太平洋铁路公司，从休·艾伦那里得到大笔钱，从而为之后的选举做准备。亨廷顿声称他有证据证明这一重大指控，他提议成立专门委员会调查此事。众议院认为，亨廷顿的指控涉及机密，所以就否决了。然而，面对这样的指控，政府又怎能无动于衷呢？于是，约翰·亚历山大·麦克唐纳亲自提议成立调查委员会调查此事。议会通过了他的议案，同意调查委员会依法向证人取证。然而，调查委员会工作了一段时间后，英国议会废除了该议案，理由是该议案超出了自治领立法机构的权限。于是，调查委员会不得不停止调查工作，等待众议院的指令，而众议院等待英国议会的指令。

从该事件引发的辩论中，我们看到了党派斗争的残酷。整个夏天，党派利益是头等大事。重要的秘密文件、电报、信件接连被曝光，但所谓的证据却自相矛盾，哪个党派都可以拿来自证清白。最后，政府未能快速洗清污名。在斗争中，反对党占了主动。

1873年5月底，议会休会，1873年8月13日复会，开会目的不是讨论平常事务，而是专门听取调查委员会

休·艾伦。摄者信息不详

的报告。该报告要在下次会议前印发。双方政党都表示接受该方案。然而，1873年8月13日，由亚历山大·麦肯齐领导的反对党要求督军解散顾问团，重新组建新内阁，而不是简单的休会。不过，达弗林伯爵称，他不能不听取内阁成员的建议，除非已经证明他们确实犯有被指控的罪行，或者他们确实已经失去了人民的信任。因为调查委员会还没有得出最终的报告，所以议会继续休会。执政党坚称政府是这场阴谋的受害者，反对党继续指控几名内阁领导成员，尤其是总理犯了贪污腐败罪。通过印发的材料，双方都找到了有利于自己的证据。然而，政府却一拖再拖，公信力不断下降。人们开始怀疑约翰·亚历山大·麦克唐纳在推迟对他的调查。议会刚一宣布休会，达弗林伯爵就命皇家专门调查委员会负责调查整个事件。皇家专门调查委员会由三名成员组成，分别是安东尼·波莱特法官、詹姆斯·罗伯特·戈万法官以及前法官现任麦吉尔大学校长戴。这时，亨廷顿先生拒绝出现在法官席上。皇家专门调查委员会收集了大量证据。虽然委员们的报告引用了这些证据，但至于政府是否有罪，他们并没有表态。1873年10月23日，议会再次开会，约翰·亚历山大·麦克唐纳将皇家专门调查委员会的报告立即提交给议员们。一场激烈的辩论随之而来。执政党和反对党分坐两边，唇枪舌剑，交锋激烈。

第三章

与此同时,政府多数席位的人数一天比一天少。最后,约翰·亚历山大·麦克唐纳发现,投票表决时,投票的结果都对他不利。为了避免相当于判定"有罪"的情况发生,他选择了辞职。达弗林伯爵立即责成反对党领袖亚历山大·麦肯齐重组新政府。新的内阁大臣提名人在入职前需要等待重新选举的结果,但几乎没有人遭到反对,而他们的对手却士气低落。自由党执政已经成为大势所趋。因此,亚历山大·麦肯齐迫不及待地盼望着人民的选举结果。1874年初,众议院解散,大选公文发布了。自由党获得了压倒性的胜利,人民开始反对前执政党,转而支持获胜的自由党。

亚历山大·麦肯齐发现有超过八成的选民都支持他。在新议员中,估计没有比路易·瑞尔的身份更特殊的人了,他是曼尼托巴省普洛温切区选出来的议员,但同时他还是背负谋杀罪名的逃犯。路易·瑞尔偷偷地来到渥太华,悄悄地宣了誓,签了名。然后,他撤身出来,等待结果。没过多久,众议院大多数议员提议将他逐出议会。1875年,路易·瑞尔又被选为普洛温切区的议员,但他又被逐出了议会。不过,这次出了一道法令。法令称,经过五年的流放,罪人可以获得赦免。路易·瑞尔及其副官雷平终于摆脱了头上的罪名。

经受了去年的风风雨雨,加拿大太平洋铁路公司已经失去了建设铁路的特许权。因此，铁路建设的进度不可避免地受到了影响。不列颠—哥伦比亚省深感不满。加之，内阁成员反对跨大陆建设铁路的计划，于是，这种不满演变成了愤怒。而新任总理亚历山大·麦肯齐关于该问题的首次发声令人们不胜其怒了。在萨尼亚市的一次演讲中，他宣称，虽然会继续发扬与不列颠—哥伦比亚省所订协议中的精神，但协议的实质内容不会也不可能继续实施。他提议，自治领政府只负责铁路建设初期的部分路段，而剩余路段要等国家财政允许时再建。不列颠—哥伦比亚省坚决主张自身权利，派代表团前往英国，向英国王室施压。殖民地大臣卡那封伯爵主动提议由他担任仲裁员来处理不列颠—哥伦比亚省与自治领政府之间的矛盾。最后，双方选择尊重他的决定。接着，《卡那封条约》问世了。该条约规定，规划铁路的沿线首先应该修建一条马车道，铺设电报线路；立即开工建设温哥华岛从爱斯基摩特到纳奈莫的铁路；1890年12月底前，从太平洋到苏必利尔湖横穿加拿大的铁路要完工通车，而苏必利尔湖西端要与加拿大蒸汽船航线及美国的铁路联网；苏必利尔湖以北沿线的铁路未来再建设。即使有这样的条约，自治领政府还是一再推迟这一伟大项目的实施时间。因此，不列颠—哥伦比亚省更加愤怒了。亚历山大·麦肯齐一直避而不谈《卡那封条约》，不列颠—哥伦比亚省则威胁脱离自治领。1876年，达菲林伯爵访问了不列颠—哥伦比亚省，缓解了人民的愤怒情绪。他保证，加拿大政府肯定会履行协议，只是现在遇到了一些未曾预见的困难。不久，某些路段的合同就开始落实了，先是勘探测量，接着设备建材进场。可是就在不列颠—哥伦比亚省沉浸在铁路建设的喜悦中时，自治领政府却遭遇了财政危机。因此，不列颠—哥伦比亚省注定还要再等一段时间。

第四节 国家政策
　　　　渔业委员会

1876年，为了庆祝《独立宣言》发表一百周年，美国在费城举行了"百年庆典"世界博览会。亚历山大·麦肯齐深知这种场合的重要性，就派去了强大的参展团。教育行业展览上，安大略省超越了所有国家和地区，荣获国际金奖。于是，教育行业为文明世界国家树立了榜样。一堂生动的加拿大知识与文明进步的展示课上演了。水果展览上，加拿大力压所有竞争对手，拔得头筹。许多认为加拿大只是一个半北极圈国家的人深感意外。

1876年，议会会议令人难忘。本次会议出台了一项政策。该政策两年后改变了加拿大的命运，而自由保守

1876年，费城"百年庆典"世界博览会开幕式。开幕式人山人海，盛况空前。詹姆斯·D. 麦凯比（James D. McCabe，1842—1883）绘

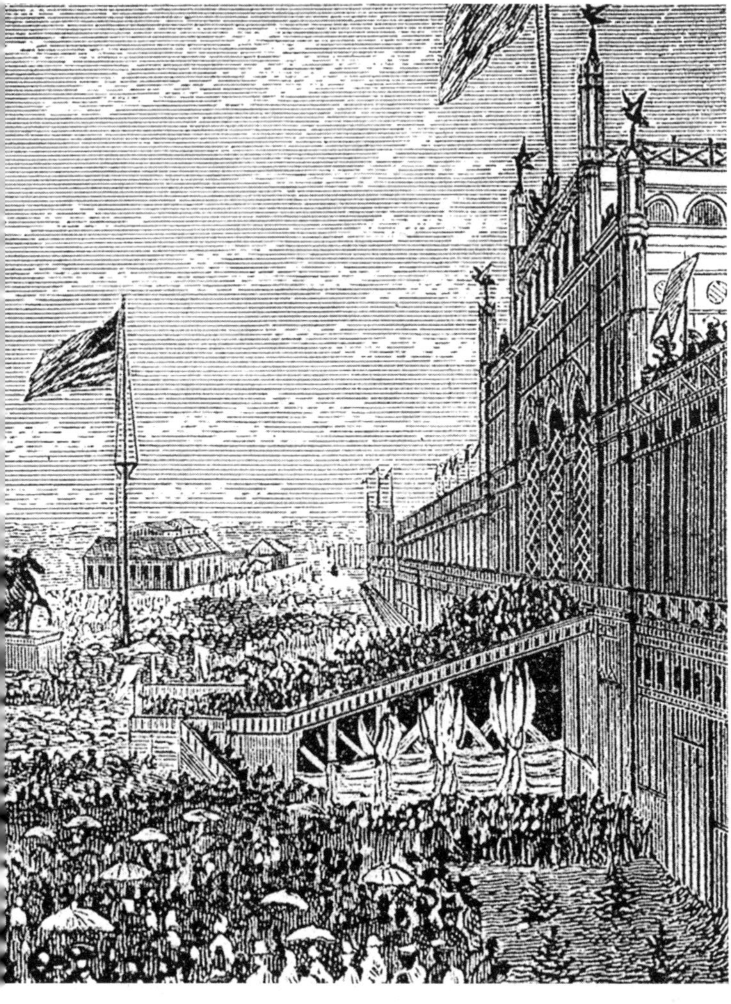

党得以重新执政。这就是著名的"国家政策",它的缩写 N. P. 大家更熟悉。然而,因为自由党占据议会大多数席位,所以该政策最终被否决。这项政策确实是民心所向。贸易长期不景气,各阶层都躁动不安;政府税收减少,财政赤字逐年增加。在这种情况下,约翰·亚历山大·麦克唐纳提出的政策深受人民的关心。该政策的口号是"加拿大政府为加拿大人民",其要旨是关税不仅是政府的税收来源,而且应该成为保护民族工业的手段。其实,这个从一开始到现在都引发热议的政策问题本质上仍然是财政问题。毫无疑问,关税始终得收,但收入是只用于政府财政,还是要兼顾保护民族工业?这是两大党派的分歧所在。自由党允许适当限制,同时更倾向于支持自由贸易,而自由保守党则更倾向于保护民族工业。这一年,连接海岸省和上加拿大省的跨大陆铁路先是竣工,接着在自治领纪念日这天正式开通。

对所有文明国家来说,这段岁月都"艰难":商业恐慌,企业乏力,资金短缺,贸易不畅。繁华之都圣约翰遭了劫。1877 年 6 月 20 日,一场大火几乎将圣约翰化为灰烬,严重程度仅次于芝加哥大火。那是一个恐怖的夜晚,红色烟雾笼罩着整座城市。所有船都在熊熊燃烧。至少一千六百栋建筑被烧毁,两百英亩的住宅区变成了废墟。加拿大的城市、小镇和乡村纷纷支援圣约翰,英、美两国也都慷慨相助。四个月后，与圣约翰只有一街之隔的波特兰市遭遇了同样的命运，但勇敢的人们毅然加入了重建家园的队伍，最后硬是在一片废墟之上建起了更加宏伟、美丽的新城。

之前提到的《华盛顿条约》规定，补偿加拿大渔业数额的问题由联合委员会负责解决。只要《互惠条约》还有希望恢复，加拿大就不急于提此事。加拿大政府派乔治·布朗前往华盛顿谈判，以放弃渔业补偿金为条件，希望能与美国重启《互惠条约》。然而，美国政府担心加拿大会从中获取太多利益，就没有接受《互惠条约》；同时认为，如果没有该条约，加拿大或许会萌生与美国合并的念头。

于是，亚历山大·麦肯齐决心要回加拿大的渔业补偿金。1877年，在他的强烈要求下，一个三方委员会成立了，成员来自英国、美国和双方同意的第三国。中立的第三国仲裁员是驻华盛顿的比利时大臣德尔福斯先生，美方委员是E. H.凯洛格。鉴于之前英国委员总是牺牲加拿大利益而讨好美国，亚历山大·麦肯齐坚持要求英国委员应从加拿大人中选出，最终，亚历山大·蒂洛赫·高尔特爵士被委以重任。加拿大索要十二年（已过去六年）渔业补偿金合计一千四百五十万美元。E. H.凯洛格认为，加拿大已经从《华盛顿条约》中享受了诸多

1877年6月20日，圣约翰发生大火，红色烟雾笼罩着整座城市，所有船都在熊熊燃烧。绘者信息不详

大火之后的圣约翰。R. 塞尔瑞（R. Silroy，生卒不详）绘

优惠待遇，不应该再索要任何渔业补偿金。最终，在完成所有文件审查和数据审计后，委员会的两个委员决定，美国应支付加拿大五百五十万美元补偿金。E. H.凯洛格表示反对，美国国会也一度拒绝接受。不过，最后，美国人也为自己的态度深感羞愧，虽然不大情愿，但还是付清了这笔补偿金。

这时，魁北克省出了一个棘手问题。在省政府中，占议会多数席位是自由保守党，而总督勒泰利耶·圣朱斯特①却是著名的自由党派人士。很快，总督和政府便产生了矛盾。最后，总督甚至解散了政府。他宣称，官员们蔑视其权威，同时失去了人民的信任。他授权反对党领导人组建新政府。然而，支持旧政府的议会给新政府投了不信任票，并拒绝选举临时政府。于是，总督又解散了众议院，并要求重新选举。人们把大多数票投给了新政府，支持了总督的武断行为。自治领议会中由约翰·亚历山大·麦克唐纳领导的反对党强烈呼吁撤勒泰利耶·圣朱斯特的总督之职。处理该问题时，亚历山大·麦肯齐很谨慎。虽然他不支持勒泰利耶·圣朱斯特的做法，但他认为只需静观其变即可。他的决定也得到

---

① 勒泰利耶·圣朱斯特（Letellier de St. Just, 1820—1881），加拿大著名政治家，他曾任魁北克参议员（1867—1876）和魁北克第三任总督（1876—1879）。——译者注

了议会的支持。第二年,约翰·亚历山大·麦克唐纳重新执掌自治领政权后,撤了勒泰利耶·圣朱斯特的职。不过,约翰·亚历山大·麦克唐纳就这一敏感问题事先征求了殖民地大臣的意见。

1878年,加拿大自治领大选是重大的政治事件。"加拿大政府为加拿大人民"的口号已深入人心。"国家政策"思想、保护民族工业的理念笼络了刚萌生国家意识的民众的人心。自由党在本次大选中遭遇了五年前对手曾经遭遇的完败。亚历山大·麦肯齐和他的内阁成员总辞职,约翰·亚历山大·麦克唐纳及其党派成员胜利回归执政党席。

1878年秋天,达弗林伯爵离开了人世。加拿大人敬仰他,同时为他的离去深感惋惜。他的足迹踏遍了自治领的每个角落,为各方利益奔走请命,还使不少偏远省成功加入了联邦。后来,这份艰巨的工作由洛美公爵和妻子路易公主接手。

约翰·亚历山大·麦克唐纳政府上台不久后,便开始推行国家政策,大幅提高进口商品的关税。1873年,曾给自由保守党带来巨大灾难的事情再次排进了政府的工作日程。当时,亚历山大·麦肯齐内阁决定将加拿大太平洋铁路建设当作政府工作,他们辞职时,彭比纳支线和其他一些路段正在建设之中。新内阁上台后又恢复了老办法。1880年,新内阁将铁路建设工作交给了一家由蒙特利尔资本家组成的公司,即加拿大太平洋铁路集团公司。我们在另一章会讲到该公司是以怎样的条件承担铁路建设任务的,又是以怎样的气魄取得空前成功的。

　　1881年,自治领开展了第二次人口普查,当时总计四百三十二万四千八百一十人[1]。人口增长的部分原因是爱德华王子岛加入了联邦自治领。增长最显著的地区是曼尼托巴省和西北地区,两省的移民达十二万两千四百人。尽管对整个自治领来说,十年增长八十万人口的速度不算快,但却保持着强劲的上升趋势。而且多出来的人口并不是走投无路的饥民,也不是其他国家的弃儿,而是人们主动选择的结果。因此,自治领迅速积累起巨大的财富。

---

[1] 具体情况如下:魁北克省共计一百三十五万九千零二十七人,安大略省共计一百九十二万四千二百二十八人,新斯科舍省共计四十四万零五百七十二人,新不伦瑞克省共计三十二万一千二百三十三人,爱德华王子岛省共计十万八千八百九十人,曼尼托巴省共计六万五千九百五十四人,大不列颠—哥伦比亚省共计四万九千四百九十五人,西北地区共计五万五千四百四十六人。——原注

第四章

第一节 萨斯喀彻温省叛乱的原因

前文已经讲到,镇压路易·瑞尔的叛乱和曼尼托巴省的组建引发了移民狂潮。曼尼托巴省议会由二十四名成员组成,立法委员会由七名成员组成。不久,立法委员会被废除了,众议院负责曼尼托巴省的立法事宜,这效仿了安大略省的做法。

路易·瑞尔的叛乱被镇压后,很多混血后裔不愿意服从新当局的统治,怀着抑郁的心情逃向偏远的西部,最后在萨斯喀彻温的海岸地带觅得了自由。后来,安大略和东部其他地区的拓荒者来到这里。他们沿五大湖南端而来,穿越明尼苏达州一路向西,直至美国铁路西行的尽头,然后驾着帆布大篷车,在草原的黑泥路上跋涉了四百英里,最终眼前出现了一大片无垠的麦田。随着他们的到来，这片麦田不久就会闻名于世。政府以最大的优惠让地于民。凡在此定居的自耕农，都可以免费获得一百六十英亩的土地。另外，很多土地只是象征性地收点儿地租。欧洲移民主要来自北欧国家，像斯堪的纳维亚半岛国家、英国、德国以及冰岛。从1875年开始，这些后来者接踵而至。他们发现，与冰岛相比，西北地区的土壤和气候要更适宜人类生活。1874年，一批与众不同的开拓者——俄罗斯南部地区的门诺派教徒来了。他们祖籍是德国，其宗教思想与贵格派相似。他们反对战争，为了和平，离开德国逃往俄罗斯。需要服兵役时，他们就躲到了加拿大的西北地区。这样一来，他们的宗教信仰还能不受影响。初来时，他们近六千人。因为勤奋节俭，很快，他们的定居点就成了西北地区最繁华的定居点之一。紧随他们脚步而来的是苏格兰佃农。他们听说这里是一片充满希望的草原，就蜂拥而至。一些波兰难民和冒险的匈牙利人也来到西北地区。许多离开魁北克前往新英格兰工业小镇的法裔加拿大人重新回了枫叶国，到曼尼托巴省安了新家。

移民大潮不可能只停留在这个新建的省，继续向西及西北地区扩散。不久，新的移民看中了萨斯喀彻温省的河谷地带，但愤怒的混血后裔指着远方的路让他们继续前行。移民沿着蜿蜒的河流，一路向西，竟然到了落

第四章

基山脉下。到达阿萨巴斯卡和皮斯三角洲时，感受到这里温和的天气，他们激动不已。为了方便管理，这片辽阔的疆域被一分为二。西边部分保留原名，仍称西北地区，设总督和参议委员会。东部称基威廷地区，归曼尼托巴省管辖。这里依然是皮货生意人经常光顾的地方。虽然这里气候恶劣，土壤贫瘠，但鱼和动物资源丰富。这里还建了西北骑警队，除执法和保护居民安全外，还肩负着阻断向印第安人出售威士忌的责任，从而维持印第安人的秩序。西北骑警队是西北区的常备武装，因工作高效而享有盛誉。

几年后，随着不断发展，西北地区又面临新一轮划分。1882年，西北地区又划分为阿西尼博亚、阿尔伯塔、萨斯喀彻温和阿萨巴斯卡四个地区，仍归原西北地区政府管辖。区政府位于阿西尼博亚的里贾纳。

然而，西北地区的和平发展注定会因为暴力而中断。曼尼托巴建省时遭遇的暴乱，在萨斯喀彻温重新上演了，而且严重程度翻了一番。加拿大看来无法摆脱"儿子们"用鲜血洗礼的暴行。萨斯喀彻温省叛乱（Saskatchewan Rebellion），有时也称"路易·瑞尔第二次起义"，其起因实际上很容易想到。随着移民大潮的不断西进，印第安人和混血后裔长期赖以为生的野牛群正逐渐消失。于是，他们的不满情绪逐年递增。从前，不计其数的野牛成群结队地在平原上穿行。放眼望去，黑压压的一片，都是流动的毛皮。印第安人和混血后裔骑着健壮的马儿，像黄蜂一样紧跟着牛群，丝毫不惧晃动的牛角和凶残的目光。他们射杀野牛后，到了晚上就屠宰。因为牛肉供应丰富，所以他们就以肉干和干肉饼的方式保存牛肉。牛皮卖给了商人和走私威士忌的人，而他们则换回了狂欢时需要的东西。平原上的土著不喜欢文明，文明妨碍了他们的生活。他们也不热爱加拿大，因为加拿大代表着文明。

政府工作中的一些失误导致矛盾不断加深。生活在曼尼托巴省的混血后裔享有土地专有权，但萨斯喀彻温省的混血后裔尽管多次请愿，还是没能享受这样的权利。只要还没获得土地专有权或专有权凭证，他们便担心自己的土地会被西北地区随处可见的投机者们夺去。土地问题永远都是一个可以让人拔刀相向的问题。自治领政府或许太忙，或许太不关心这个问题，所以土地专有权一直没有下放，这让梅蒂斯人（混血后裔）实在忍无可忍。此外，总督太专制，人民缺少发言权，不仅激起了梅蒂斯人的普遍不满，某种程度上也激起了新移民们的不满。

愤怒的情绪不断积聚，渥太华政府却没有任何察觉。混血后裔只好把希望都寄托到尚在蒙大拿流放的路易·瑞尔身上。他们相信，路易·瑞尔一定拥有超强的

印第安人和混血后裔骑着健壮的马儿,像黄蜂一样紧跟着牛群,丝毫不惧晃动的牛角和凶残的目光。阿尔弗雷德·雅各布·米勒(Alfred Jacob Miller,1810—1874)绘

影响力。否则，他不会率众叛乱，曼尼托巴省的混血后裔也不会争取到土地专有权；政府不会害怕到要用流放的方式作为对他处决托马斯·斯科特暴行的惩罚。于是，他们盼望着路易·瑞尔能回来帮助他们。流放期一结束，路易·瑞尔便赶来倾听他们的诉求。一开始，路易·瑞尔的请愿还比较温和，因为之前失败的记忆和后果冷冰冰地浮现在他的眼前。他组织西北地区人民，在宪法允许范围内，进行了多次请愿活动。像所有忠诚的政治家一样，他能鼓动人民，具有强大的号召力。随着在混血后裔和印第安人居留地的影响力不断增长，路易·瑞尔萌生了独立的想法。这个狂热的分子再次被虚荣心打败。疯狂的梦想在他脑子里熊熊燃烧。他开始自称为"解放者"，要完成一项神圣的使命。他非常自信能够控制整个西北地区。当传教士们看到路易·瑞尔有暴力倾向时，便竭力阻止他不要贸然行事。路易·瑞尔并不听劝。他声称，他拥有精神层面更高的权威。他能言善辩，混血后裔纷纷选择追随他，不再听取教会的声音。熟悉这片土地的人开始警觉起来，但那些老资历的省在谈论这些危机时就如同在讲闲话、故事一样。1885年的春天来了，萨斯喀彻温的躁动也越来越厉害。印第安人开始离开，混血后裔们聚集到路易·瑞尔的大本营巴托什。3月，阿尔伯特王子城的居民组建了一支志愿军，全城进入防

第四章

御状态。不久,杜克湖(Duck Lake)之战[1]打响了。后来,西北地区的军队遭叛军重创、溃败的消息传遍了加拿大。萨斯喀彻温叛乱上演了。

第二节 萨斯喀彻温省叛乱始末

如果只有混血后裔发动叛乱,那么人们不必太紧张,因为他们的人数相对较少。他们叛乱无非是想证明自己骁勇善战罢了。真正的危险来自印第安人。分散在曼尼托巴和西北地区的印第安人近三万五千人。他们中大多数人,尤其是克里人和奥吉布维人对白人很友好。然而,这些印第安人的首领大多没有器量。他们有的实诚,有的奸诈。因为缺乏食物,他们都多少会焦躁不安。朝着落基山脉再往西走,就到了黑足(Blackfeet)部落,这里的人特别好战,酋长是一位令人敬畏的老人,绰号叫"鸦足"(Crow-foot)。路易·瑞尔一直在煽动这些部

---

[1] 杜克湖是今加拿大萨斯喀彻温省中部的一个小镇,是19世纪六七十年代说法语的梅蒂斯人在马尼托巴的五个定居点之一。1885年3月26日,杜克湖的梅蒂斯人定居点爆发了反对加拿大政府的叛乱。战斗是从中午开始的,首先是叛军的一名使者与西北骑警的一名翻译在谈判过程中发生了扭打,随后叛军与西北骑警之间发生了激烈的枪战。枪战持续了近一个小时。西北骑警和志愿兵因为在人数上处于劣势,战斗中被迫撤退,还付出了死十二人、伤七人的代价。杜克湖之战让加拿大政府大为震惊,促使其立即调集各方力量,组建起一支强大的部队,开始全力镇压梅蒂斯人的叛乱。——译者注

弗拉格湖大屠杀的始作俑者大熊。O. B. 布尔（O. B. Buell，生卒不详）摄

黑足部落好战的酋长"鸦足"。亚力克斯·罗斯(Alex Ross,生卒不详)摄

杜克湖之战。绘者信息不详

第四章

落叛乱。他说要赶走加拿大人,建立新的政府。如果印第安人肯帮助他,那么在新政府治理下他们就可以重新过上幸福安逸的日子。一些酋长对这些花言巧语充耳不闻,他们知道渥太华政府一定会出兵镇压叛乱;一些酋长则选择了战争道路,盼望叛军取得胜利。这些好战之徒中有一位叫大熊(Big Bear)的酋长,他因为弗拉格湖大屠杀(Frog Lake Massacre)而臭名昭著。不久前,大熊才很不情愿地和政府签了和约。他与族人一起被安置到萨斯喀彻温省北部的保留地定居。大熊就是路易·瑞尔在各部落中的代理人;叛乱刚一爆发,他就迫不及待地举起了大刀。另一位著名的造反酋长是克里族的首领庞德梅克(Poundmaker)。他不仅能力超群,而且善良仁慈,对待白人非常友好。他绝对是"人不犯我,我不犯人"的君子。然而,西北地区每处毫不设防的定居点,每座孤零零的小木屋,都可能笼罩在刀光剑影的灾难之下,这就是印第安战争给人们带来的难以名状的恐惧。

3月,叛乱迅速爆发。偏居一隅的哨站接连被占领,所有的武器弹药悉数被叛乱者缴获。3月18日,路易·瑞尔听闻英国和俄国大战在即,于是公然拉起了反叛大旗。在梅蒂斯人集中居住的巴托什村,路易·瑞尔自封为叛军总指挥,然后向外界宣告了目标。很快,一些在巴托什居住的效忠派加拿大人被抓了起来。路易·瑞尔赶走了神父，先是将教堂用作仓库，然后又当作监狱。他组建了战时委员会，派几支小分队出去搞生活和军需物资。他任命水牛猎手加布里埃尔·杜蒙[1]做副官，并把一切军务交由他处理。加布里埃尔·杜蒙第一个攻打的目标是杜克湖村庄，也叫"斯图巴特"。

萨斯喀彻温河的南北两大支流汇合后，继续奔向前方，最终注入温尼伯湖。在交汇前一百英里的地方，两大支流相距二三十英里，几乎平行前行。河岔口以西大约三十英里的北萨斯喀彻温河岸边有一座繁华的阿尔伯特王子城，这里是白人聚居地的中心。阿尔伯特王子城上游五十英里有一个骑警哨站——卡尔顿。哨站周围有五六座房屋。卡尔顿正南二十英里的南萨斯喀彻温河岸上的那个村子就是巴托什村。杜克湖定居点位于卡尔顿和巴托什之间。这里有几座原木搭建的小屋，里面存放着不少粮草和武器弹药。路易·瑞尔想夺取这些粮草和武器弹药。在同一时间，为了同样的目的，卡尔顿的指挥官克罗泽少校派一支小分队前往杜克湖定居点。他已

---

[1] 加布里埃尔·杜蒙（Gabriel Dumont，1837—1906），加拿大西部梅蒂斯人领袖。太平洋铁路修建时期，他代表游猎生活方式受到极大影响的梅蒂斯人多次向加拿大政府请愿，要求政府关注梅蒂斯人的处境，给梅蒂斯人经济补偿。请愿无果后，他劝回逃往美国的路易·瑞尔，拥他为领袖，请他带领梅蒂斯人起义。加布里埃尔·杜蒙担任当时起义军的军事指挥官。——译者注

第四章

经获悉巴托什的路易·瑞尔的行动计划，不希望那些物资落到叛军的手里。3月26日，克罗泽少校的小分队到达杜克湖时，发现叛军已经夺取物资，还遭到加布里埃尔·杜蒙的威胁和羞辱。小分队迅速撤回卡尔顿。接着，一支由骑警和志愿兵组成的八十人的政府军在克罗泽少校的率领下，直奔杜克湖。在离杜克湖定居点不远的地方，克罗泽少校被加布里埃尔·杜蒙拦了下来。谈判过程中，加布里埃尔·杜蒙的人开始占领道路两旁的树丛。为了防止被敌人包围，克罗泽少校部赶紧散开。不一会儿，双方开始交火。这是一场激烈的丛林战，枪声持续了近一个小时。因为克罗泽少校部没有占据有利的地形，数量少于敌人，所以渐渐落了下风。克罗泽少校见状，急忙下令撤退。士兵们飞身上马或跳上雪橇，带着伤员迅速逃回。此役，加拿大士兵十二死七伤。这次小冲突使白人居民感受到危机，也使他们见识到混血后裔的实力，同时使路易·瑞尔的名声大增，很多印第安人纷纷参战。然而，这次冲突宣判了叛军的末日，因为它点燃了其他省的怒火。只有用叛军的鲜血才能将怒火熄灭。

路易·瑞尔造反的消息一传出，温尼伯市就派出一小支队伍去支援骑警。这支队伍配有若干支90式步枪和一门野战炮。杜克湖之战打响后，政府马上组建部队。百姓积极响应政府号召，踊跃参军。不到三天，来自魁北克、蒙特利尔、金斯敦、多伦多以及安大略中部的部队就分赴前线。西北战役的总指挥由加拿大武装力量总司令弗雷德里克·多布森·米德尔顿①将军担任。各支部队先乘坐加拿大太平洋铁路公司的火车抵达离叛乱爆发之地两三百英里的地方，然后步行前进。尽管一路上充满了艰险，但大军不畏困难，风雨兼程。这种精神得到了总指挥弗雷德里克·多布森·米德尔顿将军的肯定。4月9日，来自多伦多的队伍已抵达卡佩勒。该部的士兵来源有：加拿大正规军团、女王步枪卫队、皇家近卫步兵团、督军步兵警卫队、督军骑士警卫队等。温尼伯市特遣队迎接他们的到来。这里是距叛乱中心巴托什村最近的铁路站点。于是，弗雷德里克·多布森·米德尔顿将军在这里建起了大本营。

与此同时，叛乱正在萨斯喀彻温北部的河谷地带蔓延。三个地方已经受到威胁：阿尔伯特王子城、巴特尔河口的巴特尔福德、巴特尔福德和埃德蒙顿之间的皮特堡定居点。巴托什叛军随时会攻至阿尔伯特王子城。因此，为了抵抗叛军，他们用木头搭起了临时防御工事，由骑警和志愿兵坚守。贪婪的斯托尼人和克里人对巴特

---

① 弗雷德里克·多布森·米德尔顿（Frederick Dobson Middleton，1825—1898），英国著名军事家。1842年，他毕业于皇家军事学院，参加过新西兰战争（1854）、平定印度叛乱（1848）。1884年，他任加拿大武装力量总指挥，承担平定萨斯喀彻温叛乱的重任。——译者注

第四章

尔福德虎视眈眈，他们的首领就是大名鼎鼎的庞蒂梅克。不过，庞蒂梅克恪守自己的原则，他不会出兵自己地盘三十英里以外的地方。巴特尔福德分为两部分：巴特尔河以南低地上的老镇和废墟与萨斯喀彻温河之间草地上的新镇。因为新镇的人们非常恐惧，所以聚集在要塞周围或在要塞内生活，而河对岸的印第安人却在肆无忌惮地烧杀掠夺。不过，印第安人不敢靠近皮特堡，因为他们知道那门小炮的威力。新镇的居民处境非常糟糕。电报被切断了，他们与外界完全隔绝了，既不知道印第安人的叛乱有多严重，也不知道他们什么时候会打过来。一位牧师和一位牧场工人就在一条偏僻的小路上惨遭杀害。

整个叛乱中最残忍的悲剧[①]还是在皮特堡附近发生了。出皮特堡，远走一段就是大熊的保留地。经这片保留地，再往前就是掩隐在穆斯山深处的弗拉格湖定居点。4月2日，大熊麾下一位绰号为"游灵"（Wandering Spirit）的首领率领一队勇士来到弗拉格湖。与印第安事务代表托马斯·奎恩商谈了一会儿后，他们以避免冲突为借口，解除了那里居民的武装。接着，手无寸铁的居民突遭射杀。英勇的神父法法尔和马查德在奋力保护居

---

① 史称"弗拉格湖大屠杀"。——译者注

民时，不幸遇难。一些克里人和混血后裔试图阻止游灵的暴行，但并未成功。他们成功救下了哈得孙湾的代理商，用马匹赎回了被大熊俘虏的女人。除了这些女人，克里人和混血后裔还救了被大熊抓住的一些囚犯，并且非常友善地对待他们。弗拉格湖大屠杀过后，受害人的尸体被肢解，扔进房子里，接着被付之一炬。在实施暴行的现场，印第安人狂欢了三天。

大熊率领队伍离开弗拉格湖，往攻皮特堡[1]。这里名义上是个要塞，实际上就是空地上几座用原木搭起的房子而已。最坚固的防御工事就是一排旧的木栅栏，位于河边的一片草地上。这里只有二十三位红衣士兵[2]，他们决定誓死抵御大熊的三百勇士的进攻，确保贵重物资的安全。守军的指挥官是著名小说家狄更斯的儿子弗朗西斯·狄更斯[3]。守军训练有素，纪律严明，英勇无畏，他们不怕与来犯之敌作战。然而，防御工事缺乏，难以守住皮特堡。但即便这样，骑警威名远播，大熊心有顾忌，因此，他不愿轻易发动攻击。尽管大熊的手下烧杀成性，

---

[1] 史称"皮特堡战役"（Battle of Fort Pitt）。——译者注
[2] 指加拿大西北骑警。——译者注
[3] 弗朗西斯·杰弗里·狄更斯（Francis Jeffrey Dickens，1844—1886），维多利亚时代英国著名小说家查尔斯·狄更斯第三子。他曾在孟加拉骑警服役七年（1864—1871）。1874年，他加入加拿大西北地区骑警队伍。弗朗西斯·狄更斯关于皮特堡保卫战的日记成为后世研究萨斯喀彻温叛乱的重要史料。——译者注

皮特堡之战。出自《伦敦新闻》。绘者信息不详

但此时按兵不动。大熊提出，只要守军主动放弃仓库，他会保证士兵自由、安全地撤离。指挥官弗朗西斯·狄更斯断然拒绝。印第安人高喊着冲了上来。经过激战，印第安人大败，退到海湾。最后，弗朗西斯·狄更斯认为阵地难守，就毁掉了全部武器弹药和粮食，然后带着英勇的士兵沿河安全撤离了皮特堡。

前文已述，有三个地方需要救援。于是，弗雷德里克·多布森·米德尔顿将大军分为三个纵队。斯特兰奇将军率西路纵队奔赴卡尔加里，然后北上至埃德蒙顿攻打大熊的队伍。斯特兰奇部有五六百名士兵，由第九十五军团（魁北克）和第九十二军团（温尼伯）以及骑兵和骑警组成。奥特上校率中路纵队出南萨斯喀彻温河的斯威夫特卡伦特，走陆路前进。奥特部由女王步枪队（多伦多）、半支C中队（加拿大正规军）、B炮兵连（加拿大正规军）、渥太华近卫兵和五十名骑警构成。奥特的中路纵队的兵力与斯特兰奇的西路纵队相当，他们的任务是救援巴特尔福德。东路纵队是主力部队，由弗雷德里克·多布森·米德尔顿亲自指挥，负责救援阿尔伯特王子城，镇压巴托什的叛军。东路纵队士兵近千人，由第十皇家近卫步兵团（多伦多）、第九十军团（温尼伯）、米德兰步兵营（安大略省）、温尼伯野战炮兵连、A炮兵连（加拿大正规军）、半支C中队（加拿大正规军)、博尔顿马队、法国侦察兵、美国军官霍华德上尉负责的一挺加特林机关枪构成。

弗雷德里克·多布森·米德尔顿率大军出卡佩勒,穿越荒野,直奔巴托什。米德兰步兵营带着加特林机关枪和补给率先前往斯威夫特克伦特,然后乘坐"诺斯科特"号轮船,顺萨斯喀彻温河而下,到克拉克渡口与主力部队汇合。从卡佩勒出发后两百英里行军途中,将士们跨越了塔奇伍德丘陵,走过了索尔特平原的沼泽地带,最终安全抵达目的地。"诺斯科特"号轮船因满载货物,遇上浅水区,所以它的行程延迟了。在克拉克渡口,弗雷德里克·多布森·米德尔顿苦等未果。于是,他将队伍分为两个纵队。然后,两个纵队分别从河两岸谨慎地向巴托什挺进。4月24日,大军突然出现在距叛军不远、重兵把守的菲什溪[①]。

早上9时,菲什溪战役打响了。政府军穿越一片青草连连的高地。高地上散布着一丛丛令人压抑的杨树林。高地上的泉水从高达二三十英尺的陡峭斜壁激荡而下,跌入下面峡谷的溪流之中。虽然菲什溪只是一条细流,但其流经的峡谷却宽阔而曲折,长满了茂密的白杨和灰柳。在这片绝壁下,加布里埃尔·杜蒙挖好了战壕,部

[①] 史称"菲什溪战役"(Battle of Fish Creek)。——译者注

署了重兵,严阵以待。政府军的右路纵队迅速冲入敌人的前沿阵地。C中队的将士率先发起进攻,随后温尼伯第九十军团也加入了战斗。他们因作战勇猛,身穿黑色军服,被敌人称作"黑色魔鬼"。虽然这些士兵之前从未经历枪林弹雨的洗礼,但他们的表现却可圈可点。敌人躲在战壕里,政府军暴露在明处。因此,政府军损失惨重。弗雷德里克·多布森·米德尔顿骑着马跑来跑去指挥战斗,却成了路易·瑞尔的狙击手的靶子,一颗子弹射穿了他的帽子。10时左右,叛军集中兵力猛攻政府军右翼。政府军伤亡严重,但一番激烈的交火后,遏制了叛军的进攻势头。最后,政府军的大炮发挥了作用。炮弹纷纷落进敌人的战壕和掩体里,彻底压制了敌人的火力。菲什溪另一侧的士兵苦于不能立即投入战斗,只能分批乘坐唯一一艘渡船急切地登陆对岸,然后投入战斗。然而,敌人的兵力也在不断增加。在A炮兵团炮火的掩护下,米德尔顿命令队伍总体向前推进。叛军经过一番抵抗,退守一英里外的峡谷。面对优势明显的政府军,叛军还是坚守了整整五个小时。弗雷德里克·多布森·米德尔顿非常佩服叛军的战斗力。最后,他就地安营扎寨,决定在米德兰步兵营及加林特机枪到来之前,先不去攻打巴托什村。

援救巴特尔福德的纵队由奥特上校率领。奥特部急

菲什溪战役。弗瑞德·W. 寇松（Fred W. Curzon，约 1862—1890）绘

行两百英里，经斯威夫特克伦特，抵达北萨斯喀彻温河。奥特上校错误地认为庞蒂梅克应该受到惩罚。事实上，疯狂劫掠巴特尔福德的是其他部落的印第安人，不是庞蒂梅克的族人。奥特上校率部出巴特尔福德时，聪明的庞蒂梅克和他三百名勇士早已在三十五英里外的居留地蓄势以待。奥特部约有三百人，其中包括巴特尔福德步枪队的勇士们。为了一雪前耻，他们迫不及待地想与印第安人开战。5月1日下午，讨伐印第安人的准备工作开始了。5月2日破晓时分，奥特部进入一片深深的峡谷。穿过冰冷的卡特奈夫溪后，奥特部开始向山坡上爬，欲登上卡特奈夫山。这时，先登顶的侦察兵突然退了回来，寻找藏身之地。就在大部队向前冲锋时，前方和两翼密集地射来了印第安人的子弹。不久，奥特部后方也响起了枪声。卡特奈夫山就是个陷阱。奥特部中了埋伏。不过，将士们并没有因此而乱了阵脚。步兵们英勇地向敌人还击，炮兵们则用大炮猛轰远处敌人的棚屋。敌人被迫从一个隐蔽处转移到另一个隐蔽处。印第安人在炮火中来回穿梭。奥特部很难逐散他们。整整一个上午，在印第安人的火力包围下，奥特部一直奋勇还击。最后，奥特上校看到没有必要再做无谓的牺牲了，就下令撤退。巴特尔福德步枪队杀出一条血路，在炮火的掩护下，奥特部撤回了卡特奈夫溪对岸。将士们没有因为退回巴特尔福德而沮丧。经过卡特奈夫溪战役，战士们面对战斗失利的心理承受能力受到锻炼。庞蒂梅克大获全胜：战术上，他打了一场漂亮的防御战，战胜了强大的敌人；道义上，他放过了撤退的敌人，没有抓住战机击而歼之。

卡特奈夫溪战役失败一周后，为期三日的巴托什战役打响了。这场战役基本结束了持续两个月之久的叛乱（5月9日）。"诺斯科特"号轮船增援部队抵达后，米德尔顿率部离开菲什溪营地，小心翼翼地向叛军的根据地挺进。"诺斯科特"号轮船设有木栅栏做防御，现在被用作炮舰，沿菲什溪而下，去攻打敌人的后方。9日一大早，"诺斯科特"号抵达巴托什对面后，拉响了汽笛声。听到信号后，炮兵连立即向叛军阵地开炮。一些空房子瞬间变成了碎片。突然，叛军就像是从地下冒了出来一样，子弹齐发，死命抵抗。政府军的先遣部队冲入了叛军前沿的散兵壕。叛军将整个地面挖得沟壑纵横，像马蜂窝一样。于是，先遣部队向前推进的步伐减慢了。战士们犹豫不决之时，勇敢的美国上尉霍华德端着加特林机枪冲在前面。面对机枪的巨大杀伤力，壕沟里的叛军不敢攻击。在这个关键时刻，后面的将士跟着冲了上去，继续战斗。霍华德奋不顾身冲入敌阵，成了今天的英雄。机关枪发出愤怒的呼啸声，就如同号角一样，振奋了军心、士气。整整一天，战斗都在令人眼花

卡特奈夫溪之战。弗瑞德·W.寇松绘

巴托什战役。绘者信息不详

缭乱的沟壑中展开。不得不承认，叛军指挥有方，士兵训练有素。傍晚时分，弗雷德里克·多布森·米德尔顿连一个战壕也没能夺下。"诺斯科特"号轮船发出战斗信号后，不久就疲于招架了，被打得千疮百孔，烟囱也被炸毁了，最后奔逃而去。

在壕沟纵横的战场空地上，弗雷德里克·多布森·米德尔顿部扎起了营寨，用带刺的树枝和货车做简单的防御。叛军整晚都不停地向营寨开枪。子弹呼啸，战士们几乎一晚上没合眼。黎明来临，战斗继续，但整整一天，没有取得任何实质性进展。虽然大炮摧毁了敌人一些比较明显的战壕，但混血后裔们誓死不退。弗雷德里克·多布森·米德尔顿不愿意贸然进攻那些致命的散兵战壕。因此，夜幕降临时，将士们仍然在昨天的营寨里过夜。不过，长时间的拉锯战让战士们忍无可忍了。11日早上，战斗打响后后，他们发起了猛烈的进攻，一步步逼近一条条战壕。中午时分，叛军的火力终于遭到压制。最后冯·斯特劳本齐、威廉姆斯、格拉塞特等上校一再向弗雷德里克·多布森·米德尔顿反映士气高涨，希望他能批准进攻敌人的阵地，但他们失望了。弗雷德里克·多布森·米德尔顿不愿意士兵们牺牲在战壕里。不过，到了周四下午，战士们快速冲向散兵壕阵地，军官们默许了他们的行动。伴随着阵阵愤怒的喊杀声，战士们冲向

第四章

了各条战壕。威廉姆斯率领英勇的米德兰步兵营首先冲到战壕前。格拉塞特指挥皇家近卫军负责攻打中心地带的阵地,几乎没有遭到任何抵抗就夺取了阵地。第90军团尚未猛攻敌军右翼阵地,敌军就像兔子一样跑出战壕,四散逃命。所有的战壕被清除了,敌军匆忙从巴托什村逃离。下午4时,政府军占领巴托什,取得了最终的胜利。路易·瑞尔和加布里埃尔·杜蒙逃脱。于是,在敌军的大本营,造反计划灰飞烟灭了。几天后,路易·瑞尔被擒获。

接下来,政府军要前往巴特尔福德,抓捕安分守己的庞蒂梅克。庞蒂梅克坚称他并没有做过伤天害理的事情。斯特兰奇将军率领西路纵队吓退了埃德蒙顿附近准备造反的印第安人。于是,叛乱最终流产。5月27日,西路纵队终于与大熊率领的印第安人正面交锋。大熊率部据守皮特堡附近的一处要塞。西路纵队发起攻击,但却被击退。不过,两天后,斯蒂尔少校率领一支小分队痛击了印第安人,救出了被大熊关押的俘虏。大熊则带着残部逃向北方。7月初,大熊率部返回,向政府军投降。政府军解除了他们的武装。这意味着整个西北地区又恢复了和平。7月5日,政府军开始撤离。

除了前面已经提到的参加平叛的部队外,还有约克营和锡姆科营、伦敦第7火枪团、蒙特利尔卫戍炮兵、

加布里埃尔·杜蒙。萨斯喀彻温省叛乱失败后,他成功逃走。摄者信息不详

庞蒂梅克率部向政府军投降。罗伯特·威廉·拉塞夫
（Robert William Rutherford, 1857—1933）绘

魁北克第9狙击兵团、魁北克骑兵团、哈利法克斯军需营、温尼伯第92轻步兵团等。尽管这些部队没有上战场，但它们驻扎在有潜在威胁的地方，从而这些地方没有生战生乱。一开始，自治领政府没有调集新不伦瑞克和爱德华王子岛的武装力量。不过，最后，当自治领政府召集时，它们积极响应，随时准备投入战斗。新不伦瑞克的部队前往战场途中，获悉巴托什已被攻陷，便停止了前进的步伐。

这年夏天，路易·瑞尔因叛国罪在里贾纳接受审判。庭审引起了整个自治领的关注。加拿大最优秀的律师悉数出现在有罪或无罪的辩护席上。路易·瑞尔原本可以因精神错乱被判无罪，但他断然否认自己精神失常，并且对任何处罚都表现出不屑的态度。最终，路易·瑞尔被判处死刑，9月执行。这位混血加拿大后裔因其所犯罪行得到了应有的惩罚。与路易·瑞尔一起被判处死刑的还有八个印第安人，他们都参与了弗拉格湖大屠杀。造反的其他主要人员分别被判处不同年限的监禁。但英勇善战同时罪孽深重的加布里埃尔·杜蒙却越境逃走了，逃过了惩罚。不过，这位勇敢的混血后裔赢得了对手的尊敬。最后，政府没有通缉他。

战争的结果影响深远。早在叛乱之初，政府就派专员去解决混血后裔提出的索赔问题。不久，土地专有权

第四章

下放了，牢骚满腹的定居者终于拥有了自己的土地。第二年，西北地区获得了选举议员入驻渥太华议会的权利：阿尔伯塔省一名，萨斯喀彻温省一名，人口较多的阿西尼博亚省两名。叛乱吸引了人们的目光，西北地区引起了人们的关注。随着加拿大太平洋铁路的开通，西部地区的人口迅速增长。骑警的数量也从三百名增加到一千名。不过，处决路易·瑞尔在议会内部激发了一场风暴，约翰·亚历山大·麦克唐纳政府似乎一度面临垮台的危险。魁北克的种族问题被再次提出。许多法裔保守党（蓝党[①]）对政府不肯给造反者减刑的决定表示不满，因此做出了加入对立政党的决定。他们的变节居然受到许多英裔自由党人的支持。不过，在政府处决路易·瑞尔的量刑问题上，所有的法裔加拿大人并非都持反对态度。五十三名法裔议员中有二十五名议员支持政府的量刑。在该问题上，事实上，魁北克与其他兄弟省的意见并没有太多分歧。归根结底，叛乱或许就是要让我们彼此团结，提升共同的民族情感。为统一而战的过程中，来自自治领各个角落的加拿大人并肩作战，学会了互尊互爱。这场流血战争后，自治领政府各成员已经心手相连，变得前所未有的团结。

[①] 在魁北克省，自由党被称作"红党"，保守党被称作"蓝党"。——原注

第三节 加拿大太平洋铁路

从根本上讲,加拿大太平洋铁路的修建是一项壮举,意义重大,因此我们有必要专门在这一节来谈谈太平洋铁路的建设。我们知道,这条铁路的建设关系到加拿大的西部扩张以及与东方富庶之国[①]的交流,也是一个决定政府执政之基的问题。建设铁路是国家战略的需要,不是出于商业目的。但商业利益和国家战略永远都是统一的,铁路修到哪里,哪里的商业就会受益。伴随着火车的轰鸣,曾经的荒野开始有了人烟。因为铁路,所以自治领政府实实在在地团结起来了。它将新省和旧省的生活、贸易、利益和情感都融为一体;将曼尼托巴省和萨斯喀彻温省生产的小麦以及阿尔伯塔省出产的农牧产品运到东部和西部的市场。加拿大首都和沿海地区的制造商得以利用半个大陆的资源,他们的产品得以源源不断地销往各地。尽管加拿大太平洋铁路已成为一家独立的机构,但归根结底它是加拿大创造的辉煌。加拿大单凭自己的力量就成功完成了如此浩大的工程,这是其他弱小和贫穷的国家想都不敢想的事情。于是,加拿大的民族自豪感油然而生。可以毫不夸张地说,如此大胆的

[①] 指东亚和东南亚的国家。——译者注

第四章

构想,计划如此迅速的实施,震惊了整个世界。一时之间,加拿大名声大噪。如果依靠缓慢的发展,数代人都不可能取得如此辉煌的成就。伟大的铁路就是国家实力的展示,也是自治领政府坚定的承诺。铁路东起哈利法克斯,西至埃斯奎莫尔特,跨殖民地铁路和加拿大太平洋铁路将哈利法克斯与埃斯奎莫尔特连在一起,为大不列颠开辟了一条通往澳大利亚更安全、快捷的路线[1]。这样一来,东有苏伊士运河,西有加拿大铁路,大英帝国环绕世界的交通大动脉形成了。王室的政治家们再也不能像过去一样无端质疑加拿大对大英帝国的重要性了。

我们知道,1880年,自治领政府将加拿大太平洋铁路的建设移交给一个联合集团。当时七百一十二英里的铁路已经竣工。该联合集团有两位领导:乔治·斯蒂芬[2]和唐纳德·史密斯[3]。乔治·斯蒂芬是蒙特利尔的

---

[1] 指英国可以从两个方向去澳大利亚,但走加拿大太平洋铁路,再经太平洋到澳大利亚更安全、快捷。——译者注

[2] 乔治·斯蒂芬(George Stephen,1829—1921),苏格兰裔加拿大商人、金融家、慈善家。1850年,乔治·斯蒂芬移民加拿大,从干货批发生意做起,最终成为加拿大金融界奇才。1876年到1881年,他任蒙特利尔银行总裁,是积极推动加拿大太平洋铁路建设的主要人物之一。——译者注

[3] 唐纳德·史密斯(Donald Smith,1820—1914),苏格兰裔加拿大毛皮商人、金融家、慈善家。他曾任哈得孙湾公司总裁(1870—1874)、蒙特利尔银行总裁(1887)、驻英国英高级专员(1896—1914)。1871年,唐纳德·史密斯步入政界,当选为曼尼托巴省立法议会议员,1872年又成为加拿大众议院议员。从政期间,他积极提倡在加拿大修建铁路,为加拿大的铁路建设事业做出了巨大贡献。——译者注

一位商人，后被封为"芒特斯蒂芬爵士"。唐纳德·史密斯是哈得孙海湾公司的杰出领导。因为他的贡献突出，后来也被封为爵士。联合集团接替铁路建设的约定如下：1891年底，从蒙特利尔到穆迪港的铁路竣工；联合集团获得两千五百万加元的补贴和两千五百万英亩的土地，与政府土地交替分布在铁路沿线；联合集团获得所有用于建设站点和车间的土地，包括政府已经建好或在建部分的土地，价值达三千万加元；联合集团享有铁路建材进口免关税二十年的特权；二十年内，不在西北地区建设其他竞争性铁路，加拿大太平洋铁路南段不与美国铁路相连。除了这些特权和优惠外，铁路建设的过程中，政府还不时为联合集团提供宽松的贷款条件和担保。后来，布勒内湾取代穆迪港成为铁路的终点站。铁路施工从起点站与终点站同时开始，工程推进得非常快，只用了约定时间的一半，就竣工了。1885年11月，分别从圣劳伦斯和太平洋出发、相向而建的两段铁路在落基山脉伊格尔河旁的克雷盖拉希站成功对接。唐纳德·史密斯爵士砸下了连接两段铁路的最后一根道钉。开辟一条通往"华夏"的西北路线这一古老梦想终于实现。

从蒙特利尔到太平洋沿岸，太平洋铁路的主干线总长两千九百零九英里。一条支线延伸到魁北克，与另一条主干线跨殖民区铁路相连。于是，太平洋铁路的总长度达到三千零二十五英里。后来，太平洋铁路又向各个方向延伸出支线，与北美贸易中心相连，从蒙特利尔可直通圣约翰，连接起了沿海各省。太平洋沿岸还开辟了蒸汽船快速航线，将温哥华与日本、中国香港以及澳大利亚连在一起，大大缩短了欧洲与东方世界的距离。繁华的温哥华像变魔术一样出现在终点站布勒内湾。1885年，现在温哥华所在之地还是一片茂密的道格拉斯松林。1886年春，那里突然冒出一个异常繁忙的小镇，杂乱的大树桩间矗立着一座座小木屋。7月，虽然一场大火几乎将小镇化为灰烬，但灰烬尚有余温，露天锯木厂就建了起来，重建工作已经开始。现在，虽然温哥华的历史只有八年，但它的人口却达到一万六千。高贵的精神面貌和富足的物质生活使温哥华更像一座历史古城。宏伟气派的建筑和整洁平坦的街道使人很难想象这片土地不久前还留有灰熊的足迹。当然，因铁路带动而快速发展起来的地方不止温哥华。铁路沿线的高山和草原上，原来小小的定居点发展成了村庄，村庄变成了城镇。朝气蓬勃的村庄和城镇就像串起来的一颗颗光彩夺目的珠宝。这条伟大干线上的火车在北美大陆穿行，就像巨型滑梭一样，为我们纺出了美好的生活。

第五章

第一节 渔业纷争再起

过去的十年中，加拿大发生的两大重要历史事件是：萨斯喀彻温省叛乱和加拿大太平洋铁路建成。当然，除了这两大历史事件外，还有一些有趣和重要的事件需要交待。1884年，加内特·沃尔利斯将军奉命军溯尼罗河而上，前往喀土穆镇压苏丹叛军，解救戈登将军。对大英帝国而言，这是非常重要的历史事件。行军途中，加内特·沃尔利斯与他的五百水兵征服了传说中的激流天险。当年他率领红河远征军穿越苏必利尔湖区漫漫荒野的勇气和能力重现了。派往埃及沙漠战场的加拿大特遣部队的总指挥是来自安大略省的弗雷德里克·查理·丹尼森[①]上校。当时，大英帝国联邦化的思想正在变成现实。埃及战场上，聚集在大英帝国旗帜下的不仅有加拿大部队，还有澳大利亚部队。

对新斯科舍省而言，1885年至1886年加拿大的扩张是一种历史倒退。于是，该省向自治领政府索要更多的财政补贴，其主要理由如下：该省没有获得与其他省同样的优惠条件；该省的财政情况比加入自治领前出现了倒退；该省的财政收入不能满足政府运转及改善民生的需要；政府接管了该省大部分铁路的运营，但返还给该省的补偿金却大大不足；自治领政府从该省港口收取的关税收入要远高于该省从自治领政府那里得到的财政拨款。自治领政府拒绝了新斯科舍省提出的要求，于是该省立法委员会便通过了一项决议，呼吁沿海省退出加拿大联盟，重建沿海省联盟。新不伦瑞克省和爱德华王子岛不愿意接受这一计划，所以新斯科舍省只好决定自己单独退出联盟，回归联盟前的状态。一个月后，新斯科舍省举行了大选，绝大多数人支持退出联盟的计划。当然，这种极端情况发生的深层原因是加入自治领时，

[①] 弗雷德里克·查理·丹尼森（Frederick Charles Denison，1846—1896），加拿大军官、律师、政治家。1865年，他参加加拿大国民军。1870年红河远征军中，他担任加内特·约瑟夫·沃尔斯利的助手。1884年到1885年，他率军远赴埃及，镇压苏丹叛军。他曾任加拿大议会议员（1887—1896）。——译者注

第五章

新斯科舍省未能就如此重大的宪制变化征求人民的意见。新不伦瑞克省和爱德华王子岛与新斯科舍省退出联盟的计划没有任何瓜葛。随着新斯科舍省脱离联盟运动的爆发，一贯主张联盟的布雷顿岛也开始了脱离新斯科舍省的运动，最后成了隶属自治领的独立省。然而，脱离联盟的做法不至于导致极端的分裂行为，因为这只是对自治领拒绝提供优惠待遇的一种应急反抗手段罢了。第二年，自治领举行大选，新斯科舍省大多数人又支持联盟了。最后，渥太华和哈利法克斯达成了谅解和共识，于是，退出联盟的呼声慢慢地消失了。

我们记得，在渔业纠纷问题上，《华盛顿条约》只提供了十二年的保证期。期限一过，在提前两年通知对方的前提下，加美双方都可以选择终止条约。1883年，美国向加拿大发出了终止条约的通知。于是，1885年，这项确保两国和谐发展的条约完成了它的使命。美国人宣称，他们之所以这样做，是因为在扣除支付给加拿大水域捕鱼特权的相关费用后，他们的收益所剩无几了。条约终止后，受高额关税的影响，加拿大的渔产品被排挤出美国市场。而与此同时，美国的渔船却公然闯入加拿大的水域作业。《1818年条约》，即当时的《伦敦公约》重新生效。公约规定，美国人不准在英属北美海岸三英里范围内从事捕鱼、晒鱼或腌鱼的活动，纽芬兰、拉布拉多及马格达伦群岛的某些区域除外。其实，《1818年条约》还有其他更严格的限制。不过，加拿大没有严格主张这些权益，而是希望能与美国达成一项公平的新协定。因此，禁渔期之外的其他时间里，美国仍可享有在加拿大水域作业的特权，而且加拿大不会索取回报。但美国不为所动。美国国会既不签署新条约，也不承认国际公约。加拿大已经仁至义尽，最后只能强制维护自己的权利了。武装巡洋舰开始在加拿大水域的渔场周围巡逻。许多在加拿大水域偷渔或严重违反加拿大海关规定的新英格兰渔船被抓，并遭到重罚。新英格兰渔民心生不满，将加拿大的行为视为战争。他们威胁报复加拿大，甚至连他们的政府都忘了加拿大是在自己领土上执行公务的事实，宣称要和自治领断绝贸易往来。不过，更合理的提议出现了，1887年，一个国际委员会受托解决争议。委员会中，英国代表包括约瑟夫·张伯伦[1]、萨克威勒·韦斯特爵士和查理·塔伯爵士；美

---

[1] 约瑟夫·张伯伦（Joseph Chamberlain，1836—1914），英国著名企业家、政治家、演说家。他曾任英国对外贸易部大臣（1880—1885）和殖民部大臣（1895—1903）。任殖民部大臣期间，他推行扩张政策，力图加强控制各自治领的经济。1900年到1914年，他任伯明翰大学校长。他是英国财政大臣奥斯丁·张伯伦和英国首相内维尔·张伯伦的父亲。——译者注

第五章

国代表包括国务卿托马斯·F. 贝亚德①、W. L. 普特南②和詹姆斯·B. 安杰尔③。1887 年底，国际委员会在华盛顿会谈。1888 年，国际委员会达成的协议遭到美国国会的否决，问题又回到了危险的原点。

1887 年，两个值得纪念的重大会议召开了。一个是在伦敦召开的帝国大会，代表们来自大不列颠及其所有自治殖民地。大会的主题与大英帝国发展有关。这次会议标志着统一的大英帝国意识又向前发展了一步。加拿大派出的代表是亚历山大·坎贝尔爵士和桑德福·弗莱明④先生。另一个会议是在魁北克举行的省际会议，与会代表是由自由党执政的各省政府的领导人。与会的省包括魁北克、安大略、新斯科舍、新不伦瑞克以及曼尼

---

① 托马斯·F. 贝亚德（Thomas F. Bayard，1828—1898），美国律师、民主党政治家和外交家。他曾任美国参议院议员（1869—1885）、国务卿（1885—1889）、驻英国大使（1893—1897）。——译者注
② W. L. 普特南（W. L. Putnam，1861—1923），美国律师和银行家。他去世后，其妻以他的名义设立了著名的普特南数学竞赛基金。这一世界性赛事从 1935 年一直延续至今。——译者注
③ 詹姆斯·B. 安杰尔（James B. Angell，1829—1916），美国教育家、外交家。他曾任密歇根大学第三任校长（1871—1909）、美国驻清政府外交大使（1880—1881）。他推动美国政府归还"庚子赔款"，帮助中国建立"清华学堂"（即清华大学前身），建立奖学金项目鼓励中国学生赴美留学。——译者注
④ 桑德福·弗莱明（Sandford Fleming，1827—1915），苏格兰裔加拿大工程师和发明家。他提出了全球标准时区的概念，设计了加拿大的第一枚邮票，在加拿大跨殖民铁路和太平洋铁路建设的过程中，他做出巨大贡献。他还是加拿大皇家学会创始人之一。——译者注

托马斯·F. 贝亚德。绘者信息不详

桑德福·弗莱明。约翰·威克利夫·罗斯·福斯特（John Wycliffe Lowes Forster，1850—1938）绘

托巴。爱德华王子岛和不列颠—哥伦比亚省由保守党执政，因此没有派代表出席会议。本次会议的主题是修订《英属北美法案》。大会主要满足了那些想要强化各省权力而弱化中央政府权力之人的利益，反映了省级权力和自治领政府权力不断博弈的老问题。本次会议通过了一系列决议，目的是根本改变加拿大宪法的某些方面。其中，一项很重要的变化是，否决省级法案的权力由自治领政府移交到英国政府。然而，迄今为止，诉诸英国政府的事情还没有发生过。中央政府和各省之间时不时发生一些小摩擦，这是在所难免的。大多数摩擦主要由省级法案遭到中央政府否决引起。不过，自治领政府欣慰的是，双方意见相左的时候极少，即便出现不同意见，也会以理解和包容的态度解决。

1887年，加拿大获得了与其他国家就商业协议谈判的权利。当需要这样的谈判时，加拿大官员会与英国官员同时出现在谈判桌前，拥有相同的发言权。年初，自治领举行了大选，约翰·亚历山大·麦克唐纳连任，继续执政。

1888年，加拿大出现了一个新的政党——平等权利党。一段时间内，该党的出现使原来清晰的党派分界变得模糊。随着魁北克省出台《耶稣教士财产法案》，平等权利党登上了政治舞台。1773年，耶稣公会受到教皇的打压，传教士的财产均归王室所有。现在，魁北克省拿出四十万美元准备补偿曾经耶稣会传教士的损失。反对《耶稣教士财产法案》的人认为，这是对新教的攻击，强烈要求自治领政府否决。不过，约翰·亚历山大·麦克唐纳宣称，这是省级立法机构的权力，自治领政府无权否决。麦克唐纳的决定不仅得到本党的支持，而且得到自由党的支持。因此，《耶稣教士财产法案》通过，变成了法律。但平等权利运动却在曼尼托巴省引发动荡，法语的官方语言地位被废除，相关的教育法案随之出台，要求取消专门的教会学校。

第二节　自治领第三次人口普查

1891年，自治领进行了第三次人口普查，人口总计为四百八十三万三千二百三十九人。与1881年四百三十二万四千八百一十人相比，十年时间加拿大只小幅增长了约五十万人。加拿大各方都深感沮丧。但事实上，我们完全没必要感到失望。虽然人口数量增长缓慢，但增速非常合理，并且保持着持续增长的态势。从银行存款、贸易数量、教育状况来看，整个加拿大的社会财富、物质生活和知识水平都取得了长足进步。在那些历史较长的省，人口的自然增长较快，某种程度上加速了向西北地区移民的进程。人们习惯上用人口增长来判断一个国家的进步程度，但更科学的标准是经济、道德和文化水平。

这一年，政府解散了议会，让人民重新选举。经过一番激烈的党派斗争，保守党最终获胜。长期执政的伟大政治家约翰·亚历山大·麦克唐纳爵士如今年事已高，心力憔悴。他凭借艰苦卓绝的奋斗精神，为加拿大赢来了现在的辉煌。人民选出他们信任的政府几周后，这位杰出的政治领袖就明智地选择退出政治舞台。他治理加拿大的那些岁月令人永远难忘，因为正是在那时，加拿大学会了在世界民族之林昂首挺胸。1891年6月6日，约翰·亚历山大·麦克唐纳爵士去世。各党派搁置分歧，集体缅怀这位为加拿大鞠躬尽瘁的老人。

1892年4月17日，约翰·亚历山大·麦克唐纳爵士的政治劲敌、伟大的自由党领袖亚历山大·麦肯齐去世。他曾凭自己的力量从约翰·亚历山大·麦克唐纳爵士手中夺过了执政大权，带领加拿大度过了风雨飘摇的五年。在加拿大政界，亚历山大·麦肯齐是忠诚的代名词，没有哪位政治家能像他那样同时赢得朋友和对手的尊重。亚历山大·麦肯齐去世几年前就不再担任自由党

第五章

的领导人了。爱德华·布莱克[①]接替了他的位置。后来，他将领导权交给现在的自由党领导人威尔弗雷德·劳里埃[②]。约翰·麦克唐纳去世后，约翰·阿伯特[③]爵士承担了内阁的重任。执政不到一年，约翰·阿伯特就因健康原因辞职，一年后病逝。同年（1892），约翰·汤普森爵士出任内阁总理。

就在这一时期，加拿大与美国就白令海峡捕猎海豹的纷争不断升级。1886年，冲突在西部地区上演了，当时美国人扣押了加拿大的几名捕海豹者。美国人声称阿拉斯加海岸六十英里以内都是美国领海，即美国的内海。看一眼地图，你就会发现美国的主张多么厚颜无耻。与此同时，在东部地区，鳕鱼、鲱鱼、鲭鱼的捕捞方面，两国也存在严重的分歧。我们都知道，大西洋海岸国家的领海指离岸三海里的水域范围，这是一条早已有之的国际公约。芬迪湾和查莱尔湾海岸皆属加拿大领土，所以加拿大主张那里的"三海里领海分界线"是指穿过

[①] 爱德华·布莱克（Edward Blake, 1833—1912），加拿大律师、政治家。他曾任安大略省第二总理（1871—1872）、加拿大自由党领袖（1880—1887）。——译者注

[②] 威尔弗雷德·劳里埃（Wilfrid Laurier, 1841—1919），加拿大政治家。他曾任加拿大自治领第七任总理（1896—1911），任众议院议长达四十五年（1874—1919）。他一生致力于缓和英裔加拿大人与法裔加拿大人之间的矛盾，推进加拿大统一事业。——译者注

[③] 约翰·阿伯特（John Abbott, 1821—1893），加拿大律师、政治家。他是保守党领袖，曾任加拿大自治领第三任总理（1891—1892）。——译者注

爱德华·布莱克。绘者信息不详

威尔弗雷德·劳里埃。威廉·詹姆斯·托普利(William James Topley,1845—1930)摄

海口从一个海岬到另一个海岬连线外的三海里。美国强烈反对加拿大的这一主张,将"三海里领海界限"的标准解读为离每处蜿蜒海岸外的三海里。白令海峡的海豹捕猎争议一直到 1893 年才最终解决。之前的 1887 年和 1889 年,加拿大的海豹捕猎船曾两次遭到美国人的扣押和没收,好几次差点儿引发武装冲突。

后来,美国接受了英国的提议,同意将该问题交由第三方仲裁。1893 年 4 月 4 日,白令海仲裁法庭在巴黎开庭,一直持续到 8 月中旬才结束。仲裁员包括代表英国的詹姆斯·哈南[1]爵士和加拿大总理约翰·汤普森;代表美国的大法官詹姆斯·哈伦[2]和参议员摩根;意大利的威斯康提·诺斯塔[3]侯爵;瑞典的格雷格拉·W.格拉姆;比利时的德库塞尔男爵,他主持了本次仲裁法庭。英国和加拿大的代表是查理·希伯特·塔伯,美国的代表是前国务卿 J.W. 福斯特上将。双方都请到了最有才华的法律顾问。仲裁法庭最终的裁定支持了英国和加拿大

---

[1] 詹姆斯·哈南(James Hannen,1821—1894),英国著名法官,参与审理过众多要案。——译者注

[2] 詹姆斯·哈伦(James Harlan,1820—1899),美国律师、政治家。他曾任美国参议院议员(1855—1865,1867—1873)、美国内政部长(1865—1866)。——译者注

[3] 威斯康提·诺斯塔(Visconti Venosta,1829—1914),意大利著名政治家。他曾担任五届意大利外交大臣(1863—1864,1866—1867,1869—1876,1896—1898 以及 1899—1901)。在意大利历史上,他是担任外长时间最长的人。——译者注

的主张。美国所主张的对白令海的管辖权、对游弋在阿拉斯加海岸和岛屿周围海豹的所有权以及对进入上述海域渔船的扣押权均遭到了仲裁法庭的否决。仲裁法庭同时还起草了一系列更好的保护海豹捕猎业的法规，要求英国和美国认真执行这些法规。法规规定，5月1日至7月21日为禁捕期，禁捕期内捕杀海豹是违法的。还有禁用枪械捕杀海豹等严格的规定。美国之前因非法扣押和没收加拿大海豹猎捕船，现在须向渔船所有者支付五十万美元的赔偿金。美国颜面尽失，极不情愿地接受了仲裁法庭的决定，但美国国会至今都拒绝支付那笔赔偿金。一直到本书写作的1895年，事情都没有彻底解决。

1893年，自由党在渥太华举行了一次重要的大会。与会的一千五百名代表中有来自安大略省、新斯科舍省、新不伦瑞克省以及爱德华王子岛的政府领导人。大会主席奥利弗·莫厄特爵士强调全党要保证忠于国家，要有民族认同感。他还提醒各位代表，尽管加拿大目前迫切需要与美国搞好贸易关系，但绝不能以牺牲国家的荣誉和安全为代价。大会通过了一系列决议，从而形成、完善了自由党的政策。大会同时还表达了对劳里埃政府的信心。

1893年2月，加拿大与法国签订了一项关税条约，为了鼓励两国之间发展贸易，双方都做出了重大的让步。

同年，另外一件大事发生了，这就是加拿大地质勘查局的工作人员深入西北地区。为了勘察地质，他们在荒原中走了三千英里。勘察队由 J. B. 泰瑞尔[①]带领，带回了很多关于阿萨巴斯卡湖和切斯特菲尔德湾的具体数据。这让我们了解到加拿大的幅员多么辽阔。国内有一条长达九百英里的河流，我们之前竟然不知道它的存在。

1893年，在芝加哥举办的哥伦比亚世界博览大会上，加拿大荣获了两千三百四十七个奖项。与百年纪念博览会上的表现相比，这次更出色。加拿大表现得最成功的领域包括农业、畜牧业、运输业和人文科学。教育类展览方面，安大略省继续保持了1876年获得的领先地位，但魁北克省、新斯科舍省和西北地区正迎头赶上。

1894年夏初，不列颠—哥伦比亚省遭遇了一场毁灭性的洪涝灾害。高山上的雨水呼啸着倾泻而下，所有的河道暴涨，大水溢出河岸，淹没了河边的低地。弗雷泽河周围的村庄都被大水冲走。不少大桥被冲垮。铁路交通也中断了。灾难造成了巨大的生命财产损失。对原本人口就不多的省来说，这无疑是致命的打击。

[①] J. B. 泰瑞尔（J. B. Tyrrell，1858—1957），加拿大地质学家、测绘专家、高级采矿顾问。1884年，他在阿尔伯塔省的尼赫溪（Kneehill Creek）边发现了恐龙骨，引发了加拿大荒原寻找恐龙骨和化石的热潮。同年，他在德拉姆海勒（Drumheller）地区发现丰富的煤炭资源。现在，德拉姆海勒的皇家泰瑞尔博物馆就是以他的名字命名的。——译者注

第五章

1894年，加拿大和大英帝国最重要的事件莫过于殖民地大会了。7月，殖民地大会在渥太华举行，由泽西伯爵主持，他是作为大不列颠代表出席会议的。其他代表分别来自加拿大、新南威尔士、维多利亚、昆士兰、南澳大利亚、塔斯马尼亚、新西兰和南非。会议的主旨是鼓励大英帝国的成员国互相交往，发展贸易，增进彼此的感情。换言之，大会的最终目的是要实现大英帝国的联盟。为了使成员国的贸易关系更密切，大会决定马上铺设一条连接加拿大、澳大利亚和新西兰的海底电缆，开通加拿大到英国的快速蒸汽船航线。澳大利亚代表团对加拿大联盟后取得的飞速发展深表赞赏。加拿大联盟的思想必定会促使澳大利亚早日实现统一。

1894年12月12日，在温莎觐见维多利亚女王时，约翰·汤普森爵士突然离世。消息传来，震惊了整个加拿大。约翰·汤普森爵士当时正处于人生的巅峰，深受信任和认可，获得了进入皇家枢密院的至高荣誉。女王陛下的"布伦海姆"号巡洋舰受托将他的遗体运往加拿大。遗体登船前，人们为他举行了肃穆的哀悼仪式。"布伦海姆"号巡洋舰横渡大西洋，将他的遗体送回了他的家乡哈利法克斯。1895年1月2日，圣玛丽大教堂为他举行了庄严的国葬仪式。

J. B. 泰瑞尔与他的同事。摄者信息不详

"布伦海姆"号巡洋舰受托将约翰·汤普森爵士的遗体运往加拿大。威廉·弗雷德里克·米歇尔(William Frederick Mitchell, 1845—1914)绘

第三节 纽芬兰纪事

过去的几年中,引人注目的事情在纽芬兰发生了,那就是海岸法属定居点的民愤。我们知道,1783年的条约规定法国人有权在整个纽芬兰西海岸从事捕鱼、晒鱼和腌鱼活动,搭建棚舍和作业场所,其活动范围从雷岛角(Cape Ray)一直向北,再沿东海岸远达圣约翰岛角(Cape St. John)。同时法国人还享有其他特权,譬如免交关税。因此,法国渔民得到巨大的好处。英国政府告诫自己的公民不得以任何方式干扰法国渔民行使他们的权利。而法国人则将在西海岸的任何居住开发和工业发展都视为对他们生活的干扰。因此,近一百年来纽芬兰岛上最肥沃的土地一直荒着。面对法国人如此限制这片土地的开发,殖民开发者非常苦恼。随着殖民地人口的不断增加和越来越多企业的出现,许多人在这片海岸禁地上定居,因为省级政府无权干涉这里,人们的生活不受任何法律的限制。虽然省里的抗议声此起彼伏,但大英帝国就是不想让法国的权利受到任何侵犯。法国人总是从自身的利益出发来解释自己的权利,而且绝不退让。1877年,法属海岸终于建起了法院和海关,但工业和居住开发仍然受到严格的限制。1878年,省议会通过议案,打算修建一条从圣约翰斯到圣乔治湾的铁路,从

第五章

而开发封闭的埃克斯普洛伊茨河和甘德河流域①。但圣乔治湾属于法属海岸,因此英国政府否决了铁路修建计划。但修建铁路和岛内发展刻不容缓,于是政府就计划修建一条从圣约翰斯通往东海岸铜矿中心霍尔的铁路。1881年8月,纽芬兰的首条铁路建成。1882年,在时任省府总理威廉·怀特威②爵士的不懈努力下,英国政府终于同意在法属海岸采矿和进行土地开发了。该地区也获得了在省级议会中的代表权。但法国人却到处生事,冲突时有发生。1875年,英国与法国在巴黎签署一项协议。虽然纽芬兰政府拒绝接受这份协议,但他们的抗议无济于事,英法两国以海军互相威胁,强制执行这项协议。所以,法属海岸居民的手脚一如既往地被束缚着。他们的任何努力,试图开展任何企业活动,都可能被视为侵犯法国人的权利。就为了给外国人提供便利,岛上

---

① 该铁路的特许经营权授予了美欧快线铁路公司,由该公司负责规划运营一条横穿岛省东西的铁路以及一条穿越海湾到布雷顿岛北角的快速轮船线路,以此实现与跨殖民地铁路线的连通。同时,还要规划一条从布雷顿岛东部到利物浦的快速蒸汽船线路,即大不列颠通往新世界最短的海上线路。——原注

② 威廉·怀特威(William Whiteway, 1828—1908),著名的英裔纽芬兰政治家。1843年,他移民至纽芬兰,曾任纽芬兰殖民地众议院议员(1874—1894)、纽芬兰殖民地副检察长(1874—1878)、纽芬兰殖民地总理(1878—1885,1889—1894以及1895—1897)。经济上,他主张修铁路,使纽芬兰摆脱单一的渔业经济模式。政治上,他支持纽芬兰加入加拿大自治领政府。——译者注

一半发展潜力遭到扼杀。居民的怨恨与日俱增。1889年，居民们的愤怒情绪达到了顶点，他们和法国渔民之间的矛盾已到了动武的边缘。圣乔治湾停泊着一艘法国巡洋舰。该舰指挥官宣称，如果纽芬兰人敢动法国渔民一根毫毛，他就开炮轰平整个定居区，杀掉所有的居民。1890年，纽芬兰发表声明称，岛上官员比英国官员有更大的发言权，禁止英国海军军官为了保护法国的利益而干涉当地渔民的生活。沃克上将就因其恶行受到纽芬兰法庭的审判。纽芬兰法庭谴责他侵犯了英国公民的权利。英国政府为了突出自己的权威，严厉谴责了纽芬兰的做法。英国这样做的直接后果就是人民不再效忠了。如果纽芬兰现在加入联盟，加拿大就必须面对法属海岸这一难题。而这个"危机四伏"的难题短期内根本无法解决。

为了支持法国人的主张，英国无视纽芬兰的法律，命令海军军官严格管制纽芬兰公民的行为。圣约翰斯的居民大怒。纽芬兰政府希望能得到美国支持，于是和美国进行了一场喧闹的兼并谈判，但徒劳无果。政府官员罗伯特·邦德[①]在英国大臣的帮助下，前往华盛顿和美国商谈贸易问题。精明的美国国务卿詹姆斯·G.布莱

[①] 罗伯特·邦德（Robert Bond，1857—1927），纽芬兰政治家。他曾任纽芬兰殖民地总理（第十一届也是最后一届，1900—1907）、纽芬兰自治领总理（第一届，1907—1909）。——译者注

恩^①拒绝了英国大臣和纽芬兰特使罗伯特·邦德的提议，然后亮出了自己的提议。最终，罗伯特·邦德接受了詹姆斯·G. 布莱恩的提议。虽然该贸易协定对美国更有利，但纽芬兰政府考虑到当时的处境，认为是可以接受的（1890）。但对加拿大来说，协定中的某些条款严重不公。因此在加拿大政府的要求下，英国否决了所谓的《布兰恩—邦德条约》。于是，纽芬兰对英国的愤恨部分转嫁到了加拿大。岛上愤怒的居民认为，是时候制裁一下加拿大人了。曾经承诺给加拿大渔民的那些捕捞特权以及慷慨让步突然从所有的条款中消失了，而这些好处全部转赠给了美国人。虽然加拿大一再抗议，但于事无补，只好反击，向纽芬兰的渔产品征收关税。但不久，敌意就消失了，敌对行为也消除了。之后，加拿大政府和纽芬兰政府就联盟事宜召开了多次会议，但并未取得任何实质性的成果。纽芬兰人对联盟一事很警觉，认为联盟很可能意味着税收的提高。

1892年，圣约翰斯遭遇了一场恐怖的大火，这大大推动了自治领和古老殖民地之间的和平进程。这是圣约

---

① 詹姆斯·G. 布莱恩（James G. Blaine，1830—1893），美国政治家、共和党领袖。詹姆斯·G. 布莱恩曾任众议院议员和议长（1863—1876，1869—1875）、参议院议员（1876—1881）、国务卿（1881，1889—1892）。詹姆斯·G. 布莱恩于1884年参加了美国总统大选，最后以微弱劣势败给了民主党领袖格罗弗·克利夫兰（Grover Cleveland）。——译者注

翰斯遭遇的第三次也是破坏最强的一次大火。大火始于海岸密集的木质结构建筑。火借风势，迅速在城里蔓延开来。人们只顾逃生，根本无暇顾及自己的财产。在高温的炙烤下，一堵堵石头墙干枯欲裂。最后，整个城市几乎被烧光。绝大多数人变得无家可归、身无分文。困难时刻，加拿大向纽芬兰伸出了援手，慷慨相助。大小城市争相向灾区送物资。虽然美国人也向灾区捐赠了物资，但根本无法与加拿大的援助相比。于是，纽芬兰对加拿大的好感油然而生，曾经的敌意也烟消云散了。

因财政困难，在过去的四五年时间里，纽芬兰的资源开发进展缓慢。1893年，纽芬兰举行了省级大选，威廉·怀特威爵士继续执政。但次年，怀特威政府失去了议会的信任，奥古斯都·F.古德里奇[①]成为新一届政府首脑。但这也是一届短命的政府。1895年，纽芬兰岛遇到金融危机，古德里奇政府受影响垮台。银行业遭到重创，殖民地曾引以为傲的财富不复存在。圣约翰斯的商业地产一个接一个宣布破产。储蓄银行关了门，人们无钱买食物，陷入了饥饿之中。火灾过后，虽然纽芬兰获得外界的多方援助，但该省在财政方面仍旧步履维艰。

[①] 奥古斯都·F.古德里奇（Augustus F. Goodridge，1839—1920），英裔纽芬兰商人、政治家。1852年，他移民至纽芬兰，从事渔业贸易。1880年，他步入政坛，曾任纽芬兰殖民地议会议员（1880—1884）、纽芬兰殖民地总理（1894—1894）。——译者注

1892年，大火过后的圣约翰斯。摄者信息不详

1892年，大火过后的圣约翰斯。摄者信息不详

1892年，大火过后的圣约翰斯。摄者信息不详

重新执政的威廉·怀特威向加拿大提出了加入联盟的请求。尽管加拿大给出了慷慨的条件，但纽芬兰岛人最终还是拒绝加入。目前，受经济所困的纽芬兰政府在英国贷款的帮助下，正试图带领全省走出困境。

第六章
CHAPTER

第一节 文化的进步

像加拿大这样的新生国家，必须先有物质发展，后有思想进步。前者是后者实现的前提条件。定居初期及随后的很长一段时间里，先辈们所有的精力都用在了征服荒芜的土地上。人们要开垦田地、修建房屋、铺设道路、开凿运河、建设铁路、修筑堤坝……一年到头人们都忙着采矿、捕鱼、做毛皮生意。动手比动脑的时候多，挥斧头比握笔杆的时候多。夜来了，屋外全是觅食的熊、狼等野兽。因此，人们根本顾不上武装头脑。不过，在为生存而奋斗的同时，人们仍怀着对教育的渴望。很多孤寂的十字路口出现了一座座校舍。不久，文明战胜了荒蛮，森林变成了农场和村庄，大地换了新颜。只是人们的思想和品位都还停留在实用主义阶段，在追求知识时把科学排到了首要位置。科学可以带给人们新方法，去征服自然，满足生存的需要；科学可以教会人们挖掘隧道、开采矿山、开凿运河；科学让人们可以在大地上铺设长长的耀眼的铁轨。就这样，物质财富积累起来了，人们有了闲暇，开始有了面包和黄油之外的美好精神追求。这一阶段，文学和艺术在加拿大慢慢发展起来，这是文明发展的必然结果。在科学方面，加拿大已经取得了很多成就，但最大的成就还是在教育方面。加拿大人非常重视教育，他们把眼角的汗水擦去，便开始捧起了书本阅读。加拿大成为世界上教育普及做得最好的国家之一。与教育齐头并进的是宗教事业，加拿大的缔造者永远敬畏上帝，无论他们是英国人还是法国人，无论他们信仰的是天主教还是新教，他们每到一处定居，与住所同时建起的往往有学校和教堂。

  法裔加拿大地区的教育可以说是和殖民开发同时进行的，魁北克的开创者认为，他们的主要目标就是教化印第安人。加拿大的第一所学校是17世纪初在魁北克创办的。学校的老师全是虔诚的修女，学生则是印第安人的孩子。他们随时都有可能因为思念家里的独木舟和棚屋而逃走。1801年，法裔省的免费学校创建了。英裔定居点的人们在蛮荒之地散居。因此，这些定居点早期的学校通常都是由苔藓和泥土封缝的简陋的小木屋。校

第六章

舍大都位于偏僻的地方或几条林间小道交汇的地方，这样就可以招收更多的学生。随着地区财富的不断积累，孩子的数量不断增多，学校也由小木屋变成了简单的框架房。教室里摆放着粗制的书桌，没有靠背的高凳，孩子们上课时腿就成天悬空，非常痛苦。到了夏天，学校几乎就不上课了，因为大点的孩子要到农场忙农活。冬天，上学的孩子要在厚厚的雪地上徒步跋涉五六英里，还得忍受清晨刺骨的寒霜。孩子们戴着手套但冻得发痛的手里依然拎着一包读旧的书以及装满午饭的篮子。学校原先用来取暖的壁炉不久就换成了坚固的箱式炉子。这样一来，课间和进餐时，学生就可以将长凳拉近炉子取暖。地上的裂缝随时会吞掉很多钢笔、铅笔和宝贵的折叠小刀。上课的时间总是漫长而痛苦，纪律严格但不甚规范。教室里充斥着参差不齐的朗诵声，学生们看似在认真朗读，实际上有不少人在窃窃私语。学校里的课程有阅读、写作和算术。有时，老师还讲一些地理和语法知识。老师的薪水通常少得可怜，当然老师的水平也有限，不比学生的水平高多少。为了维持生计，老师们不得不兼职做一些零工。老师们可以通过所谓"吃百家饭"的方式获得一部分薪水，即那些给孩子拿不出上学费用的家庭可以请老师在他们家里吃住一段时间作为补偿。选择这种方式付学费的大多是贫困家庭。其实，老师并不想得到这种待遇。那时的公立学校和如今的相比，就像偏僻的林间小道和宽阔的市区大道一样，有天壤之别。如今加拿大所有省都有一套缜密的教育体制，由专门的官员负责公共教育涉及的每个细节。现在，除了偏远的穷苦地区，学校至少都和家里一样舒适，通风、照明和取暖条件都非常好。孩子们的求学之路上也充满了欢声笑语。大家普遍认为，真正的教育一定是有趣的教育。带来这一教育思想转变的是，堪称"加拿大公立教育之父"的埃杰顿·瑞尔森[1]。埃杰顿·瑞尔森为安大略省创立了世界上首屈一指的公共学校体制。这套体制有效地推广到兄弟省。上加拿大与下加拿大合并建省三年后，埃杰顿·瑞尔森成为该省的教育总长。他借鉴欧洲和美国先进的教育制度，不断完善自己的教育思想，最终出台了一套日臻完善的教育体制，深受各地教育工作者的好评。这种完备的公立学校教育体制也成就了加拿大优秀的高中和大学教育，多伦多大学就是成功的典范。安大略省的教育体制被加拿大当作范本，尽管在实际推广时各省会根据实际情况做一些调整。所有的公立学校都会得到各级政府的财政支持。所有人要为教育纳

---

[1] 埃杰顿·瑞尔森（Egerton Ryerson，1803—1882），加拿大教育家、政治家、卫理公会牧师。埃杰顿·瑞尔森积极倡导公共教育，为加拿大早期的公共教育做出杰出贡献。现在位于加拿大安大略省多伦多市的瑞尔森大学就是以他的名字命名的。——译者注

"加拿大公立教育之父"埃杰顿·瑞尔森。泰奥菲勒·哈梅尔(Théophile Hamel,1817—1870)绘

税，因此所有的学校都会向人们免费开放。魁北克和安大略两省允许创办专门的罗马天主教和新教教会学校，其他省对教会学校的教派不做限制。安大略省的教育事务由省级政府部门负责，部长主持教育工作。其他省的教育事务由附属于省秘书处的教育总长和委员会负责。

加拿大重要的大学有（按创办时间排序）：新斯科舍省国王学院（1789）、新不伦瑞克省弗雷德瑞克顿的新不伦瑞克大学（1800）、蒙特利尔的麦吉尔大学（1813）、哈利法克斯的达尔荷西学院（1821）、多伦多的多伦多大学（1827）、新斯科舍省沃尔夫维尔的阿卡迪亚大学（1838）、安大略省金斯顿的女王学院（1841）、安大略省科堡的维多利亚学院（1841年与多伦多大学合并）、魁北克省伦诺克斯维尔的主教学院（1843）、多伦多的三一学院（1852）、魁北克省的拉瓦尔大学（1852）、多伦多的圣迈克尔学院（1852）、新不伦瑞克省萨克维尔的蒙特埃里森大学（1862）、安大略省奎尔夫的安大略农业学院（1874）、曼尼托巴省温尼伯的曼尼托巴大学（1877）、多伦多的麦克马斯特大学（1888）。除了一些神学院、技工学院和女子学院外，加拿大还有许多不错的专门学院。每个省都有设施优良的师范学校，专门负责培养教师队伍。魁北克省和新斯科舍省还有不少发展得很好的农业学校。加拿大五百万人口中，接受过

第六章

学校和大学教育的估计超过了一百万。如果一个国家的文明程度以知识的普及程度来衡量，那么加拿大一定位居前列。

加拿大对科学的贡献表现在两方面：一是培养了几位杰出的科学家；二是在政府指导下，组建了一支精干的地质勘查队。地质勘查队的工作不断充实着世界科学知识的宝库。加拿大地质勘查局的首要任务是发现和开发国家蕴藏的资源，但工作远不止这些。勘察局现任局长是阿尔弗雷德·理查·塞西尔·塞尔温[1]博士。加拿大科学界首位知名科学家是1841年任地质勘查局局长的威廉·罗根[2]爵士。1798年，威廉·罗根出生在蒙特利尔。1856年，为了表彰他对科学事业的卓越贡献，王室授予他"爵士"称号。构成地壳结构的一种岩层叫"劳伦系岩层"，这是威廉·罗根在研究下劳伦斯山的地质

---

[1] 阿尔弗雷德·理查·塞西尔·塞尔温（Alfred Richard Cecil Selwyn, 1824—1902），英裔加拿大地质学家。他出生于英格兰萨默塞特郡，自幼对地质学充满浓厚的兴趣。1845年，他进入英国地质勘探局工作。1853年，他在澳大利亚担任维多利亚地质勘查局局长。在这里工作的十七年间，他负责发行了六十多张地质地图，还在墨尔本附近发现了喀里多尼亚金矿。1869年，他被派往加拿大，至1894年一直担任加拿大地质勘查局局长。1874年，他当选加拿大皇家学会会员，1895年至1896年担任加拿大皇家学会主席。——译者注
[2] 威廉·罗根（William Logan, 1798—1875），加拿大地质学家。威廉·罗根是加拿大地质勘查局的创立人及首任局长。1863年，他的《加拿大的地质构造》出版，成为业界公认的权威之作。——译者注

特征时命名的。1875年,威廉·罗根去世。另一位比威廉·罗根还著名的人物是威廉·道森①爵士。1820年,威廉·道森生于新斯科舍省皮克图,在皮克图学院和爱丁堡大学接受高等教育。三十岁出头时,威廉·道森就被任命为新斯科舍省教育总长。他年富力强,工作出色,1855年又被任命为麦吉尔大学的校长。他的主要著作有:《阿卡迪亚地质情况》《人类化石》《地球的起源》《生命链》。他发现了最早的动物生命形态,并将其命名为"加拿大种始生虫"。1886年,威廉·道森爵士被推选为英国著名的"科学进步协会"办公室主任。虽然刚刚去世的丹尼尔·威尔逊②爵士生于爱丁堡,来加拿大前就享有很高的声誉,但他同时是加拿大科学界的杰出人物。他担任多伦多大学校长时,完全将自己视为加拿大人。他的重要科学巨著《史前人类》就是这个时期完成的。当代科学界杰出的人物非桑福德·弗莱明莫属了。桑福德·弗莱明是女王学院的校长,拥有强烈的爱国情怀和渊博的科学知识。他不仅为国家的发展指明了方向,而

---

① 威廉·道森(William Dawson, 1820—1899),加拿大地质学家、教育家。他曾任新斯科舍省教育总长(1850—1853)、麦吉尔大学地质学教授(1855—1893)。1863年,威廉·道森入选加拿大皇家学会研究员。——译者注
② 丹尼尔·威尔逊(Daniel Wilson, 1816—1892),苏格兰裔加拿大考古学家、人类文化学家、作家。他曾任苏格兰考古学会秘书长(1845—1852)、多伦多的大学学院(University College)院长(1880—1892)、多伦多大学(University of Toronto)首任校长(1890—1892)。——译者注

丹尼尔·威尔逊。威廉·科克伦（William Cochrane，1831—1898）摄

且还身体力行地帮助国家不断走向辉煌。他第一个指出建设加拿大太平洋铁路是可行的，并找到了一条穿山而过的路线。他制定了今天加拿大和美国都在使用的标准时间系统，日后很可能会在世界范围内推广。他一再倡导的加拿大与澳大拉西亚之间的太平洋电缆工程有望开工。当代还有许多杰出的人物正高举知识的火炬和我们并肩前行，他们的名字必将被后人写入历史。

因为种种我们已知的原因，文学犹如加拿大土壤中的一株缓慢生长的植物。整个加拿大的历史上，我们一直在期待温暖的民族情感出现，因为没有民族情感，其他条件再好，我们也创造不出充满想象力的文学作品。尽管现实中困难重重，加拿大人民仍表现出了超强的想象力和非凡的智慧。与其他殖民国家相比，加拿大对世界文学的贡献是出类拔萃的。加拿大文学一直远比南边那个共和国亲戚的文学丰富。直到建国半个世纪后，美国的人口变为加拿大人口的五倍时，情况才发生了改变。要知道，在一个倾尽全力为生存而奋斗的民族，在一个追求精神粮食时便有法国和英国文学来满足的民族，自己创作文学的需要不会出现得太早。

加拿大最早期的文学作品是用法语创作的，这一点我们可以想到。加拿大之父尚普兰就是写他自己的历史学家。他的作品让我们有理由将他称为"加拿大文学之

第六章

父"。同理，我们可以说罗亚尔港的建立者马克·莱斯卡博的作品以及沙勒瓦的作品《新法兰西》，无论从主题上还是来源上，都应属于加拿大的文学范畴。提到他们，就不能不提《耶稣会纪事》以及神父拉菲托1724年在巴黎出版的关于美洲印第安人生活的作品。所有的这些作品我们都礼貌性地称为"加拿大文学"。实际上，加拿大早期历史上出现的这些算不上文学作品，而是文学素材。它们为后来的诗人、史学家和小说家提供了不竭的创作源泉。加拿大文学的真正开始应该从责任政府时代算起。为实现责任政府的斗争拓宽了人们的思想，教会了人们思考自己的生活。于是，人们便有了表达自己的渴望。人们的作品首先出现在报纸上，当然主要与政治问题有关。像约瑟夫·豪那样成功的演说家和政治家就写了许多爱国诗歌和散文。新斯科舍省的托马斯·钱德勒·哈里伯顿[①]就是加拿大本土作家的杰出代表。1796年，托马斯·钱德勒·哈里伯顿生于安纳波利斯，在国王学院学习法律，后来成为省立法委员会的成员，最终做了大法官。他是《从历史和统计数据谈新斯科舍》一书的作者。此外，他还写了不少其他类型的书，

[①] 托马斯·钱德勒·哈里伯顿（Thomas Chandler Halliburton，1796—1865），加拿大新斯科舍省政治家、法官、作家。在新斯科舍省加入加拿大自治领的过程中，他做出较大的贡献。他也是加拿大第一位在海外读者中引起轰动效应的小说家。——译者注

其中最著名的是《钟表匠》，又名《山姆·斯利克的言行》。《钟表匠》最初在约瑟夫·豪主办的报纸《新斯科舍人》上连载发表。美国钟表匠油腔滑调的说话方式很快就流行起来。后来，小说在英国和美国重印，托马斯·钱德勒·哈里伯顿由此成了美国幽默小说家阵营中的一员。鉴于他突出的才华，牛津大学授予他民法学博士学位，他的母校国王学院也授予他同样的荣誉。托马斯·钱德勒·哈里伯顿因其作品中活灵活现的人物形象而知名。温莎的哈里伯顿故居被人们亲切地称作"山姆·斯利克小屋"。托马斯·钱德勒·哈里伯顿的幽默中往往带着辛辣的讽刺，常常会刺到加拿大同胞的痛处，而他幽默的背后则是拳拳爱国之情，希望自己的同胞能够在与精明积极的美国人竞争中，珍惜大好的发展机会。他的努力没有白费，最终获得了英国众议院的一个席位。1859年，他成为众议院朗塞斯顿的代表。1865年，托马斯·钱德勒·哈里伯顿在英格兰去世。

加拿大的文学就像其生活一样，分属两条平行的河流，相近但不交叉。早期的优秀文学作品大多是用法语写的，但后来这种差别慢慢消失了。如今英裔加拿大人的作品无论从数量上还是从质量上，都不输给法裔加拿

第六章

大人的作品。1845年,弗朗索瓦·泽维尔·加诺[①]的伟大作品在魁北克面世。此后,很长一段时间内,同样伟大的英语文学作品没有再出现。加诺讲述了加拿大1841年联合前的整个加拿大历史。1860年,该书的英译本面市。其他比较著名的法裔加拿大历史学家还有米歇尔·毕博[②]、让-巴普蒂斯特-安托万·费兰[③]和亚瑟·特克特。法永神父在加拿大住了十年后,写了一本非常有价值的法裔加拿大史。同时代还有两位声誉较高的作家:卡斯格兰神父和本杰明·苏特先生。德·加斯佩的《老加拿大人》虽然是一部爱情小说,但却具有很高的历史价值,生动地再现了法属加拿大被英国征服前人们的生活状况。著名英裔加拿大历史学家除托马斯·钱德勒·哈里伯顿外还有一位,他就是新斯科舍省的罗伯特·克里斯蒂[④]。罗伯特·克里斯蒂在温莎接受过高等教育。他

[①] 弗朗索瓦·泽维尔·加诺(Francois Xavier Garneau, 1809—1866),法裔加拿大公证员、诗人、加拿大和美国历史学会荣誉会员。1845年到1848年出版的《法属加拿大历史》(共三册)是他的扛鼎之作。——译者注
[②] 米歇尔·毕博(Michel Bibaud, 1782—1857),法裔加拿大作家、教育家,擅长用史诗方式讲述加拿大发生的故事。——译者注
[③] 让-巴普蒂斯特-安托万·费兰(Jean-Baptiste-Antoine Ferland, 1805—1865),法裔加拿大历史学家。他的代表作为《加拿大教会历史研究》。1855年,他受聘为拉瓦尔大学历史学教授。——译者注
[④] 罗伯特·克里斯蒂(Robert Christie, 1787—1856),英裔加拿大律师、新闻工作者、历史学家、政治家。他曾任下加拿大省立法委员会议员,主办过《魁北克电报》(1816)和《魁北克水星报》(1848—1850),其主要著作有《下加拿大史》和《下加拿大殖民政府管理回忆录》。——译者注

的《下加拿大史》与弗朗索瓦·泽维尔·加诺的作品属于同一时期。阿尔菲厄斯·托德的《英国议会制政府史》是一部份量很重的权威作品。同时代的杰出史学家还有威廉·金斯福德[1]博士，他的恢弘巨著《加拿大史》已经完成了八卷[2]，是迄今为止最完整的加拿大史。J. G. 布里诺博士写的历史深受英语国家读者的喜欢，他最重要的作品是《议会规章和程序》。加拿大史学界当今最受瞩目的作家是戈尔德温·史密斯[3]教授，他的作品主要是关于历史的。1823年，戈尔德温·史密斯出生于英国，来加拿大之前就享有盛名。1871年，他定居多伦多。他的一些著作是关于加拿大的，但却不附带加拿大人的感情色彩。他作品的主要风格是生动形象，其中，最重要的作品是1893年出版的《美国：政治史概要》。

加拿大的小说作品一直不多，只到近五年来才有所改变。除了前面提到的托马斯·钱德勒·哈里伯顿和德加斯佩，比较重要的小说家还有：《绳子和刀子》及《道

---

[1] 威廉·金斯福德（William Kingsford，1819—1898），英裔加拿大历史学家。威廉·金斯福德是自学成材的历史学家，其代表作为1887年到1898年完成的《加拿大史》（十卷）。威廉·金斯福德坚持认为法裔加拿大人被英语文化同化是加拿大历史发展的必然。——译者注

[2] 威廉·金斯福德的《加拿大史》共十卷。本书出版时，他正在创作最后两卷。——译者注

[3] 戈尔德温·史密斯（Goldwin Smith，1823—1910），英国历史学家、新闻工作者、作家。他是一位高产学者，出版了四十多部著作、发表了上百篇文章。——译者注

第六章

奇俱乐部》的作者詹姆斯·德·米勒[①]、《弗朗索瓦·德·边维尔》等历史小说的作者约瑟夫·马曼特[②]、《金色小狗》的作者威廉·科尔比[③]。法裔加拿大诗人庞菲勒·梅写过几部有趣的爱情小说。如今，加拿大的小说创作正在崛起。

加拿大第一位真正有天赋的诗人是奥塔夫·克雷马奇[④]，他用法语创作的诗总是充满了爱国主义情怀。更有名气的一位诗人是 1839 年出生的路易·欧诺赫·弗雷谢特[⑤]。他为加拿大摘得了 1880 年法兰西学院诗歌大奖。他的诗集在法国深受欢迎。其他著名的法裔加拿大诗人还有 P. J. O. 绍沃和庞菲勒·梅。最早用英语创作

[①] 詹姆斯·德·米勒（James de Mille，1833—1880），加拿大早期流行小说家。他曾任阿卡迪亚大学经典文学教授、达尔豪西大学英语与修辞学教授。他一生共出版三十多部小说。——译者注
[②] 约瑟夫·马曼特（Joseph Marmette，1844—1895），加拿大小说家、历史学家。他曾任魁北克省政府职员，1882 年被派往欧洲，负责法国人和瑞士人移民加拿大的工作。——译者注
[③] 威廉·科尔比（William Kirby，1817—1906），英裔加拿大小说家。1832 年，他移民美国，1839 年定居加拿大，曾任《尼亚加拉邮报》编辑（1850—1871）、安大略省税务官（1871—1895）。其最重要、最著名的代表作品是《金毛狗》。——译者注
[④] 奥塔夫·克雷马奇（Octave Cremazie，1827—1879），法裔加拿大诗人、书商。在魁北克的文化圈中，奥塔夫·克雷马奇的地位很高，被尊称为"法裔加拿大诗歌之父"。——译者注
[⑤] 路易·欧诺赫·弗雷谢特（Louis Honore Frechette，1839—1908），法裔加拿大爱国主义诗人。——译者注

约瑟夫·马曼特。摄者信息不详

路易·欧诺赫·弗雷谢特。摄者信息不详

诗歌的加拿大诗人是查理·桑斯特①。1856年,他创作的加拿大风景韵律诗首次出版,诗歌中充满了加拿大人的真挚情感。1861年,亚历山大·麦克拉克兰②发表的诗歌歌颂了殖民定居点的生活。1857年,查理·海韦西格③在蒙特利尔发表了诗剧《索尔》,它是描述加拿大联盟前生活的重要作品,也可能是加拿大迄今为止最伟大的诗歌作品了。该诗剧在英国和美国广受好评。加拿大风格的著名中年诗人有:约翰·里德④、亨特·杜瓦尔以及查理·麦尔⑤。1870年,约翰·里德出版了一部精品诗集《梅林的预言及其他》。亨特·杜瓦尔的主要作品是关于罗贝瓦尔⑥的一部史诗。1868年,查理·麦

---

① 查理·桑斯特(Charles Sangster,1822—1893),法裔加拿大诗人。查理·桑斯特的诗歌总能于写景中抒发爱国情怀。1856年,他出版的诗集《圣劳伦斯和萨格奈》被公认为加拿大最具影响力的诗歌作品。——译者注
② 亚历山大·麦克拉克兰(Alexander McLachlan,1818—1896),苏格兰裔加拿大诗人。他的诗歌充满了苏格兰方言和乡土气息,他因此被同时代的文学评论家称为"加拿大的罗伯特·彭斯"。——译者注
③ 查理·海韦西格(Charles Heavysege,1816—1876),英裔加拿大诗人、剧作家。查理·海韦西格被认为是加拿大早期严肃诗歌的先驱,他的诗剧《索尔》被英国文学评论界认为是后莎士比亚时代最伟大的作品。——译者注
④ 约翰·里德(John Reade,1837—1919),爱尔兰裔加拿大新闻工作者、散文家、诗人。约翰·里德任《蒙特利尔公报》文学编辑长达五十年,被尊称为"加拿大资深文学家"。——译者注
⑤ 查理·麦尔(Charles Mair,1838—1927),加拿大爱国诗人、记者。他曾任《蒙特利尔公报》记者,因坚决反对路易·瑞尔叛乱,差点儿被叛军射杀。路易·瑞尔第二次叛乱平定后,他任不列颠—哥伦比亚省政府职员。——译者注
⑥ 详情见《加拿大史》(上册)。——译者注

尔发表了诗集《梦境》。1886年，他的诗剧《特库姆塞》出版了。《特库姆塞》是一部伟大的加拿大爱国主义作品，深深地影响了目前在世界文坛崭露头角的新生代加拿大作家。这些新生代诗人、小说家、散文家和历史学家正在世界文坛上全力耕耘着，因为离我们太近，所以尚无法准确地判断出他们的贡献。毋庸置疑，他们已经在世界文坛占有一席之地，但作为同时代的人，我们无法评论哪些人的成就最高，哪些人会名垂青史，这要留给后人去评说。但可以说的是，他们正在不断强化我们日益增长的民族自豪感。

加拿大皇家学会是罗恩侯爵[①]在自治领的一些杰出思想领袖的建议下创建起来的，旨在发展加拿大的文学与科学。在这里，科学与文学可以发生碰撞，法语作家和英语作家可以在友善中竞争发展。1882年，加拿大皇家学会在渥太华举行了第一次大会，威廉·道森爵士当选为主席，P. J. O. 绍沃当选为副主席。学会成员限八十名，分四个分会，每个分会二十名，各分会举荐各自的成员。第一分会为法裔加拿大文学与历史，第二分会为英裔加拿大文学与历史，第三分会为数学、物理学和化学，第四分会为地理学和生物学。每年五月，学会举行

---

① 即约翰·坎贝尔（John Campbell，1845—1914），英国贵族，曾任加拿大自治领第四任督军（1878—1883）。——译者注

年会，地点通常在渥太华。每次年会都会发表、出版大量论文或作品。这些出版物中包括历史、考古以及其他分支学科的原创性研究成果，具有极高的价值。论文和作品的出版费用由政府承担。

加拿大皇家学会致力于发展文学和科学事业，而加拿大皇家学院（Royal Canadian Academy）则致力于发展艺术事业。1880年，皇家学院由罗恩爵士和露易丝公主[①]创建，首任院长是加拿大著名油画家L. R. 奥布莱恩。学院的成员都是优秀的艺术家，称为"院士"。副院士头衔可以授予那些非正式成员。加拿大几乎所有知名的艺术家都列入了皇家学院的名单里，无论是正式院士还是副院士。学院会在加拿大各个城市举办艺术展览，但公众的支持度还有待提高。加拿大的艺术发展缓慢，而加拿大对艺术家的兴趣发展得更缓慢。在雕塑方面，除了法裔加拿大人休伯特的作品外，几乎再无加拿大原创作品了。绘画作品则相对丰富，加拿大一些画家的作品在世界画廊和市场上得到人们的肯定。描绘印第安人生

[①] 露易丝·卡罗琳·阿尔伯塔（Louise Caroline Alberta, 1848—1939），维多利亚女王第四女，阿盖尔公爵夫人。罗恩侯爵任加拿大督军期间，露易丝公主随丈夫在加拿大度过了五年时光。为了纪念她，1884年，加拿大将"翡翠湖"改称"露易丝湖"（Lake Louise），并一直沿用至今。阿尔伯塔省的名字也取自这位公主。——译者注

第六章

活的保罗·卡内①被视为加拿大的艺术先驱。有突出贡献的艺术家还有弗雷德里克·亚瑟·弗纳②、菲亚瑟、亨利·桑德汉姆③、福布斯、福斯特、哈里斯、马修斯、贝尔·史密斯④、里德、布拉沙、沃克、荷马·沃森⑤等。这些艺术家中谁最终能名垂青史,有待时间考验。他们和我们属于同一时代,虽然他们的作品能给我们带来民族自豪感,但现在就对他们在世界艺术界的地位做判断为时尚早。保罗·皮尔⑥是一位真正有天赋的加拿大艺术家。刚获得巴黎沙龙认可、迈入荣誉殿堂后,他就英年早逝了。1893年,芝加哥世界博览会上,许多加拿大

---

① 保罗·卡内(Paul Kane, 1810—1871),爱尔兰裔加拿大画家。他的画作以描绘加拿大西部和美国西北部的印第安人而闻名于世。他的作品如今依然是研究民族学的宝贵资料。——译者注
② 弗雷德里克·亚瑟·弗纳(Frederick Arthur Verner, 1836—1928),加拿大油画家,以描绘加拿大西部平原的风光见长。——译者注
③ 亨利·桑德汉姆(Henry Sandham, 1842—1910),加拿大油画家、插画家。他为许多畅销书配过插图。他的人物肖像画也很出名,其中就包括加拿大自治领首任总理约翰·亚历山大·麦克唐纳的肖像画。——译者注
④ 贝尔·史密斯(Bell Smith, 1846—1923),英裔加拿大油画家。他以宏阔的视野展示加拿大风景而闻名。荒野深山、城市风光都是他创作灵感的来源。——译者注
⑤ 荷马·沃森(Homer Watson, 1855—1936),加拿大风景油画家。他曾任加拿大艺术俱乐部首任会长(1907—1911)、加拿大皇家艺术学院院长(1918—1922)。——译者注
⑥ 保罗·皮尔(Paul Peel, 1860—1892),加拿大学院派画家,出生于安大略省,从小就接受了父亲严格的绘画训练,后来又师从威廉·李斯·贾德森、托马斯·埃金斯等大师。他的作品以儿童人物画和情绪伤感的人体画见长。1890年,荣获巴黎沙龙大奖,是最早获得国际认可的加拿大艺术家之一。——译者注

保罗·卡内的自画像。

保罗·皮尔的自画像。

艺术家的作品参展，有几幅画作还获了奖，其中最著名的一幅是乔治·里德的《抵押止赎》。

加拿大如画的风景和传奇的历史为艺术家们的创作提供了足够的素材。当我们主要的城市都能够建起艺术馆提高人民的文化水平时，当人民有了评鉴艺术的需求时，奋力钻出加拿大艺术土壤的幼苗必将迅速茁壮成长。

第二节 经济的发展

1832年，加拿大第一条铁路开通，总长约十四英里，从圣劳伦斯河畔的拉普莱利到黎塞留河畔的圣约翰，将圣劳伦斯河与尚普兰湖的可通航水域连接起来。1835年，修建一条连接魁北克和新不伦瑞克省圣安德鲁斯港的铁路计划列入了日程。工程在建过程中，1842年，《阿什伯顿条约》将铁路必经的一大片领土让给了美国，铁路建设因此搁置。加拿大联盟初期，加拿大的铁路总长为两千两百五十八英里，而截至1893年底，加拿大运营的铁路总长已达一万五千零二十英里，其中五千七百八十五英里是加拿大太平洋铁路，三千一百六十八英里为大干线（Grand Trunk）铁路，一千三百八十四英里为跨殖民区铁路。在前面的章节中，这些铁路都提到过。加拿大在铁路上的投资近九亿美元。

第六章

铁路里程数上，加拿大位列世界第七。美国位列世界第一，共十六万五千英里。第二到第六分别是英国、德国、法国、俄罗斯和奥地利。加拿大还有许多在建和规划中的铁路。其中，人们最感兴趣的是哈得孙湾铁路和希格内克托船运铁路。哈得孙湾铁路已经建成约四十到五十英里，规划中的铁路要从温尼伯向北一直延伸至哈得孙湾的纳尔逊港或丘吉尔港。这样一来，到了夏季，西北地区的货物就可以通过哈得孙湾和哈得孙海峡的水路运出去了。因为接近地球极点时，绕地球一周的长度会变短，所以利物浦与纳尔逊港之间的距离比利物浦与蒙特利尔或纽约之间的距离短得多。从哈得孙湾出发的另一条洲际路线是出北萨斯喀彻温河，经皮斯河谷到辛普森港。这条路线将使利物浦到日本之间的距离缩短近两千英里。哈得孙湾路线最大的缺点是每年的通航期非常短，只有短短三个月，同时航行过程中还会受到诸如大雾和浮冰的影响。

希格内克托船运铁路的建设快要完工时，工程搁置了下来。该铁路要跨越新不伦瑞克省和新斯科舍省之间的希格内克托地峡，将圣劳伦斯海湾水域与芬迪湾水域连接起来。铁路总长十七英里，用来运送往来两片水域之间两千吨以下大小各种船只。铁路两端为码头，液压起重机将船吊升到特殊装置的火车上。火车上有一个巨大而结实的钢铁滑台，可以固定各种船。在两个巨大的火车头牵引下，这些固定好的船随火车穿过牧场翻过山丘，然后放回水中，结束这场奇妙的旅行。计划的提出者认为，船运铁路的建设和运营成本要比保证同等运输量的运河开凿与运营成本低。近一个世纪来，人们一直梦想着一条船跨越地峡的通道。如果该铁路成功运营，那么连接大西洋和太平洋水域的难题也能通过建一条跨越特旺特佩克地峡的铁路，或者建一条从佐治亚湾到安大略湖下游水域的船运铁路来解决。

希格内克托地峡船运铁路取代了人们一直想在芬迪湾和圣劳伦斯湾之间开凿运河的计划。在加拿大的交通系统中，运河非常广泛，起着举足轻重的作用。加拿大首条运河位于拉辛市，总长九英里，始建于1821年，三年内建成开通。接着，征服尼亚加拉瀑布的伟大工程韦兰运河（Welland Canal）开建。该工程由威廉·H. 梅里特[1]提议建设。韦兰运河一旦建成，就将连通伊利湖和安大略湖。1829年，韦兰运河建成初期，航道的深度只有四英尺，如今深达十四英尺。运河总长二十七英

---

[1] 威廉·H. 梅里特（William H. Merritt, 1793—1862），英国效忠派人士后裔。1795年，他定居上加拿大尼亚加拉半岛。1812年战争爆发后，他加入加拿大民兵武装，坚守尼亚加拉边境。戍边的这段时间里，他生发了开凿韦兰运河的想法。朗迪道战役中，梅里特被俘，后被关入马萨诸塞的监狱，直到1815年获释。——译者注

里。这两条运河属于圣劳伦斯运河系统，是加拿大长达两千二百六十英里内陆水道的必要组成部分。加拿大最宽阔的运河是征服圣玛利亚大瀑布、连通休伦湖和苏必利尔湖的运河。这条运河一个夏天的货物吞吐量相当于苏伊士运河一年的吞吐量。加拿大运河（圣玛利亚也有一条美国运河）的水深为二十二英尺，巨大的船闸有九百英尺长六十英尺宽。圣劳伦斯运河系统中有些运河的深度仅九英尺。现在，人们建议将整个运河系统的河道加深到二十英尺。这样一来，大型远洋船只就可以直达苏必利尔湖了。这些运河同时向美国人开放，没有附加条件。加拿大其他运河系统还有：保证渥太华与蒙特利尔和金斯敦之间畅通的丽都和渥太华运河系统、通过哈得孙河实现蒙特利尔和纽约相连的黎塞留河和尚普兰湖运河系统。另一条有趣的运河是圣彼得运河，它经大西洋，穿布雷顿岛，连通布兰德湖。早在1837年，有人就提议建设一条连接昆迪湾和乔治亚湾的运河，运河沿线有特伦特河和很多湖泊可以利用。规划的运河长二百三十五英里，其中现成的一百五十英里航道可通行小型船只。考虑到近些年上游湖泊运输量迅猛增长，之前的计划可能重启，不久就可能开建。如果所有运河（伊利湖和安大略湖之间、安大略湖和休伦湖之间、圣劳伦斯河谷各河之间）的河道都能加深，那么五大湖区的城市就几乎和海港城市无异了。

　　加拿大是一个了不起的海洋国家。除皮毛贸易外，它的第一个民族工业便是造船业。发展造船业是为了从丰富的渔业资源中获取回报。沿海省的海岸线分布着密集的海湾、港湾和小港口。木材是现成的，渔业诱惑难以抵制。于是，每个小港口和小海湾都办起了造船厂。这些造船人血液里与生俱来就流淌着祖先的航海本性。很快，他们造的船就出现在每一片海域。1723年，加拿大造船业成熟了。这一年，两艘战舰和六艘商船"诞生"。新不伦瑞克的省徽就是一艘船的图案。我们勇敢的水手们载着木材和渔产品往返于世界各地，将大量财富带回自己的家乡。大联盟不久，加拿大的船只数量已位居世界第四。海岸上布满了灯塔和雾角楼，为水手们指引方向。1893年，全世界登记在册的船舶数量为三万两千九百二十八艘。其中，加拿大有七千一百一十三艘，占世界船舶总量近四分之一。加拿大的第一艘由蒸汽驱动的航船是"克莱蒙特"号，由罗伯特·富尔顿[①]发明，1807年在哈得孙河上试航成功。短短两年后，第一艘蒸汽艇便出现在圣劳伦斯河上。第一艘横渡大西洋的蒸

[①] 罗伯特·富尔顿（Robert Fulton，1765—1815），美国著名工程师、发明家、画家。他曾在英国学画，后转学科技和工程。1807年，他设计制造的"克莱蒙特"号蒸汽轮船在纽约港下水。"克莱蒙特"号成为加拿大第一艘经营成功的商业轮船。——译者注

罗伯特·富尔顿。埃弗特·A.戴金克
(Evert A. Duyckinck, 1816—1878) 绘

汽船是加拿大的"罗亚尔威廉"号（Royal William）。1831年，"罗亚尔威廉"号在魁北克出厂，所有机械部件由蒙特利尔提供。1840年，加拿大成功开辟了世界上第一条远洋蒸汽船航线——丘纳德航线（Cunard Line）。该航线的创始人及领导人是哈利法克斯的塞缪尔·丘纳德[①]，后来被封为男爵。航线运营初期，四艘蒸汽船往返于利物浦、哈利法克斯和波士顿之间。然而，真正代表加拿大蒸汽船水平的是艾伦航线的蒸汽船。该航线由休·艾伦开发运营。夏天，蒸汽船往返于利物浦和魁北克之间；冬天，往返于利物浦和哈利法克斯之间。该航线的第一艘蒸汽船是1853年建造的"加拿大"号。休·艾伦凭借聪明才智和顽强拼搏的精神克服了重重困难，创造了辉煌的事业，赢得了骑士称号。如今，无论远洋还是内陆水域，都有加拿大的蒸汽船航线。在加拿大注册的蒸汽船共一千五百三十八艘。另外，许多加拿大蒸汽船是在英国注册的。不久的将来，加拿大将有实力开发出横渡大西洋的大型快速蒸汽船，到那时就可与出纽约港的蒸汽船相媲美了，而且从加拿大横渡大西洋

[①] 塞缪尔·丘纳德（Samuel Cunard，1787—1865），英国效忠派人士后裔、加拿大造船业富豪。美国独立战争期间，他的父亲亚伯拉罕·丘纳德从美国逃到新斯科舍省哈利法克斯，从事木材加工和贸易生意。塞缪尔·丘纳德继承父业，从事木材加工业。后来，他逐渐将家族企业发展成加拿大造船巨头。——译者注

1831年,"罗亚尔威廉"号在魁北克出厂、下水。詹姆斯·帕蒂森·科伯恩(James Pattison Cockburn, 1779—1847)绘

的时间可以缩短到四天。近些年来,航运业和造船业的面貌已经发生了巨大变化。螺旋桨正在世界范围内取代风帆,钢铁船身正在取代木质船身。在新形势下,拥有丰富的煤、铁和镍资源的加拿大必定会像过去一样开创辉煌的海洋事业。

加拿大主要行业是农业。这里适宜的土壤和气候可以产出世界上最优质的粮食、苹果和土豆。畜产品和乳制品的质量也是一流的。加拿大一半人口都以农业为生,航运一半以上的货物是农产品。虽然加拿大开垦出来的麦田只占其广袤耕地的一小部分,但加拿大已经成了小麦出口大国之一。因此,加拿大有希望也有理由成为世界小麦种植国的引领者。

加拿大土地带给我们的财富不仅有粮食产品,还有矿产资源。我们对各种丰富矿产资源的勘探和开发才刚刚开始,煤、原油、石灰、盐、石棉、铁、铜、镍、金、铅、银、铂金、磷等资源储量丰富,取之不尽,用之不竭。每年都有新探明的矿藏等待我们的企业斥资开发。尽管我们现在只是在少数几个地方初步开采了矿藏,但每年的产值已达一千九百万到两千万美元。气候恶劣、荒凉的北极圈地带蕴含煤、原油和其他矿藏,这些大自然的馈赠恰恰是许多气候宜人地区所缺少的。马更歇河向北流经靠近北极圈的辽阔平原,虽然这里不适合放牧,但却有优质的煤矿。说不准这里将来会变得忙碌和繁华呢。

加拿大的收获不仅来自陆地还来自海洋。加拿大渔业分布范围之广，居世界首位。1893年，大西洋和太平洋海岸的深海渔业以及内陆河湖的淡水渔业的总产值达两千一百万美元。渔业一直是政府大力保护的产业。除了制定严格的规章外，政府甚至不惜动用武装巡洋舰来保护渔业。目前，加拿大建有十四个鱼类繁殖场，专门用来孵化鱼卵、放养鱼苗。涉及鳕鱼、鲱鱼、鲭鱼、三文鱼以及龙虾的捕捞问题非常重要，加拿大经常因这些问题与邻国争吵。

除了传统产业外，近年来加拿大对制造业充满了兴趣。1891年的统计数据显示，加拿大共有七万五千七百四十一家工业单位，总资本将近三亿五千五百万美元，发放工资总额超过了一亿美元。加拿大的商业往来资金依托三十九家特许银行，银行总资产超过了三亿。自治领政府发行的票据为两千一百万美元。我们的银行系统安全、灵活，可以说是当今世界上最高效的银行系统。1817年成立的蒙特利尔银行是加拿大最早、资金最雄厚的银行。加拿大的币制单位是元和分。造币厂发行铜币和银币，不发行金币。加拿大市场上流通的金币来自英国或美国。

加拿大的邮政系统非常完备。普通信件的邮费为每盎司及以下三美分。1875年，加拿大和美国签署一项邮政协议，即寄往对方国家的本国信件邮费与本国国内信件邮费一样。两国的邮局之间不建立往来账户，在本国免费投递来自对方国家的邮件。1885年，加拿大加入了万国邮政联盟。联盟成员几乎涵盖了所有文明国家。1893年，加拿大的邮政局共八千四百七十七家，年递送信件和明信片的总量约一亿两千九百万件。加拿大的电报系统由私人公司经营，拥有约三万两千英里长的电报线路，位列世界第八。1851年，世界上第一条海底电缆连通了英国多佛和法国加来。1852年，新世界的第一条电缆在爱德华王子岛和新不伦瑞克省之间铺设；1856年，新世界的第二条电缆在布雷顿岛和纽芬兰之间铺设。跨大西洋电缆从欧洲连接到加拿大。1894年，殖民地大会决定铺设从加拿大海岸到澳大拉西亚和东方世界的海底电缆。这样一来，我们就与华夏民族拉近了距离，从而实现先辈们探索东方世界的梦想。加拿大是电话的发明地。安大略省布兰特福德市的第一部电话连通了电话发明者格雷厄姆·贝尔[①]家和邻居家。1877年，汉密尔

[①] 格雷厄姆·贝尔（Graham Bell, 1847—1922），英裔美国发明家、企业家、电话发明者。1870年，他移民加拿大，一年后又移居美国，1882年加入美国国籍。除了电话，他还改进了爱迪生发明的留声机，造出了助听器。他对聋哑语的发明贡献甚大。他和美国盲聋女作家、慈善家、社会活动家海伦·凯勒是一生的好朋友。——译者注

顿开通了第一条商用电话线。现在,加拿大的电话线路总长已达近五万英里。

加拿大自治领成立后,便开始承担国防任务。英国撤走了除哈利法克斯驻军外的所有陆军。不过,英国海军舰队继续在海岸一带执行防卫任务。北大西洋舰队总部设在哈利法克斯,设有重炮。为了修建防御工事,英国耗资上百万英镑。加拿大民兵由民兵部长统率。总司令由英国政府直接任命,但听命于民兵部长。第一位民兵部长是著名法裔加拿大人乔治·艾蒂安·卡地亚爵士。1868 年,加拿大通过了首部自治领民兵法案,之后该法案又多次修订。当前的民兵法案规定,加拿大民兵包括所有十八岁至六十岁的男性,神职人员、法官以及某些官员除外。寡妇家中的独子可免服兵役。需要服兵役的男子可分为四种情况:(一)十八到三十岁之间的未婚男性或无子嗣鳏夫;(二)三十到四十五岁之间的未婚男性或无子嗣鳏夫;(三)十八到四十五之间的已婚男性,或有子嗣鳏夫;(四)四十五到六十岁之间的男性。战时会根据四种分类优先从第一类开始征兵。加拿大民兵分为常设性民兵、服役期民兵和预备役民兵。常设性民兵上限为一千人,由骑兵、炮兵和步兵组成。常设性民兵除保家卫国外，还训练服役期民兵①。西北骑警就有这样一支一千人的常设性民兵。服役期民兵上限为四万五千人，服役三年，每年训练八到十六天。预备役民兵指常设性民兵和服役期民兵之外的民兵。加拿大自治领分为十二个军事区，每个军事区由临时副官和常设军官指挥，每年的军费支出为一百万到两百万加元。如遇战争，目前可以服役的十八到四十五岁男性数量为一百多万。

1875年，金斯敦皇家军事学院让加拿大人引以为傲。学院的毕业生为自治领赢得了荣誉，有八十五名毕业生在皇家军队任军官。其中有两位军官成了加拿大的英雄。在战场上，为了完成光荣的任务，他们献出了年轻的生命。威廉·格兰特·斯戴尔斯②上尉远征非洲时，英勇善战，获得了很多荣誉，最终死于一场致命的黑热病。1863年，他出生于哈利法克斯，从金斯敦皇家学院毕业后，担任皇家军队的工程师。后来，他跟随斯坦利远征

---

① 常设性民兵分为加拿大皇家猛龙 A 军团和 B 军团，分驻魁北克省和温尼伯省；加拿大皇家炮兵 A 军团和 B 军团，驻扎在魁北克省；加拿大皇家步兵军团由四支中队组成，分别驻扎在伦敦（安大略省）、多伦多、圣约翰（魁北克省）和弗雷德瑞克顿。——原注
② 威廉·格兰特·斯戴尔斯（William Grant Stairs，1863—1892），英裔加拿大探险者、战士。他毕业于加拿大皇家军事学院，曾两次随远征军奔赴非洲战场。——译者注

去了非洲大陆。1892 年,他染上黑热病,在欣代^①去世。1864 年,威廉·贝弗利·罗宾逊上尉出生于圣约翰。从金斯敦皇家军事学院毕业后,他到皇家军队任军官,后去非洲塞拉利昂执行任务。一次,他所在的小分队被派往内陆的一个部落,解救陷入包围的首府。因为远征军没有大炮,所以需要用火药棉炸毁敌人围墙的大门。但布设火药棉需要面对敌人的步枪和标枪,而且稍有不慎就会引爆火药棉,将自己炸成碎片。这种既需胆大又要心细的任务无人敢接。最后,威廉·贝弗利·罗宾逊主动请缨。他穿过枪林弹雨,如入无人之境,将火药棉布设到敌阵前。任务刚完成,他就被敌人的子弹射中,倒地身亡。他的英勇行为换来了最终的胜利(1892)。从最早到最近的历史故事中,我们总能看到加拿大人坚强的意志和无畏的勇气。

第三节 现状和前景

加拿大的未来充满了无限可能。虽然我们对它的发展会有些担心,但更多的是满满的自信。我们依稀感觉

---

① 欣代(Chinde)是莫桑比克赞比西省赞比西三角洲北翼的一个港口小镇,赞比西河流域的通海门户。欣代是莫桑比克重要的贸易口岸,是蔗糖、椰干的输出港。——译者注

威廉·格兰特·斯戴尔斯与他的同僚们。从左至右分别是托马斯·黑兹·帕克（Thomas Heazle Parke，1857—1893）、罗伯特·亨利·纳尔逊（Robert Henry Nelson，1853—1892）、亨利·莫顿·斯坦利（Henry Morton Stanley，1841—1904）、威廉·格兰特·斯戴尔斯和亚瑟·杰弗森（Arthur Jephson，1859—1908）。摄者信息不详

第六章

到有股强大的力量在奔涌向前，我们的血液因渴望全新的生活而沸腾。未来如同一幅精彩而神秘的画卷，正在我们面前徐徐展开。我们拥有丰富的物质财富、知识财富和精神财富，其价值无法计算。加拿大领土面积为三百四十五万六千三百八十三平方英里，占整个大英帝国领土面积的三分之一，只比欧洲大陆少二十万平方英里左右。换句话说，如果将加拿大放在欧洲大陆上，除法国外，整个大陆都会被覆盖。再换句话说，如果将美国除去阿拉斯加后的版图放到加拿大的版图上，那么不列颠—哥伦比亚省和艾伯塔省的一半将露在外面。没有阿拉斯加的美国领土面积要比加拿大少四十万平方英里。加拿大不列颠—哥伦比亚省的面积要比法国、意大利、瑞士和葡萄牙四国面积总和还要大。单独的魁北克省面积或安大略省面积都比德国、瑞士两国的面积总和还要大。加拿大倒数第二小的新斯科舍省在面积上都要比希腊、瑞士、丹麦、荷兰和比利时的国土面积大。爱德华王子岛也比黑山共和国大。加拿大内陆航道是世界上最宽阔的航道。加拿大的河湖可以淹没整个大不列颠和爱尔兰，还剩一万九千平方英里的水域没用到。尽管我们辽阔的土地上气候多变，但却养育出坚强、进取的人民。我们拥有世界上面积最大的渔场、煤田和林区。我们的麦田、牧场和铁矿充分开发后，将会进入世界高产区的行列。

开发这些无与伦比的资源，我们有无与伦比的人民。他们汇聚了英法两个主要民族的所有优点：崇尚自由、坚守信仰、忠贞不渝、遵纪守法。作为英法两国的后裔，我们人民的血液里流淌着这些优良的品质，这些都有助于我们开创辉煌的未来。在这个神佑的国家里，我们的双脚已踏进了未来的门槛。前景无限广阔，未来无限可能。面对未来的诸多可能，我们到底应该何去何从？这是一个需要不断思考的问题。这一问题关系重大，答好这个问题将使加拿大的未来充满希望的同时还能续写新的辉煌。未来伟大而辉煌，而我们的人民就是受上天安排、开创未来的孩子。

加拿大目前的状态不可能一直保持下去。长期接受大英帝国的保护而不用承担作为帝国一分子所应尽的责任，这看起来对加拿大的成长有利，但实际上不是一件好事。加拿大是宗主国的孩子，孩子慢慢长大，就不应该再待在父亲身边寻求呵护了。他要么得承担自己的责任，要么就独自面对生活，用自己的双手闯出一番天地。我们再怎么掩盖，也无法摆脱殖民地从属于英国的事实。如果安于现状，我们就成了永远的懦夫，对不起我们史诗般的过去。或许为了和平发展，目前的状态还会持续一代人；或许在充满各种变数的本世纪末，这种状态就会彻底结束。

我们有三种可选择的未来：或让美国兼并，或宣告独立，或与大英帝国的其他国家联盟。第一种选择是美国一直在为我们规划的道路。之前，提到的门罗主义就追求这样的结果。在有些美国政治家和历史学家的眼里，美国统一北美大陆就是天命。但在加拿大人看来，所谓的天命论则是另一种完全不同的景象。加拿大无条件拒绝美国的兼并思想，并不意味着我们对这位伟大的亲戚不够友好。美国人与我们语言相同，血脉相连，我们对他们取得的辉煌成就感到骄傲。他们自力更生的精神、聪明的才智、爱国的情怀都是我们学习的榜样。然而，我们与他们的发展路线并不相同；我们的理想和政治思想和他们不同；我们作为一个民族的生存原则和他们有根本的区别。随着加拿大民族情感日益增强，我们意识到不能任由自己的国家四分五裂，然后像美国各州一样被逐一吞并。这是一件耻辱至极的事情。如果这样，所有父辈们做出的牺牲和洒下的热血就白费了；如果这样，我们将卑躬屈膝、苟延残喘，不配在这个伟大的国度里生活；如果这样，加拿大的名字在这片大陆上就会永远失去光辉，留下的只有耻辱。因此，可以肯定地说，让美国兼并不是加拿大正确的选择。

宣告独立或与大英帝国联盟都是可以接受的，因为这两种选择都不违背我们一贯坚持的爱国主义理念。对许多心怀炽热爱国之情的加拿大人来说，独立似乎更有吸引力。选择独立是需要勇气和魄力的。这样的选择有利于掌控未来的命运，符合年轻人的愿望，与加拿大的一贯发展一致。我们或许可以在不破坏加拿大历史进程的前提下实现独立。但需要注意的一点是，现在或不久的独立将来是否会向兼并敞开大门。一旦独立，加拿大就会在外交领事方面、国防尤其是海上防御方面支出大笔的费用，光是打造一支保护商业的海军就会让我们很快债台高筑。没有大英帝国这座靠山，我们或许会任由美国摆布，任由美国人侵占我们的渔业资源，或者我们跌入战争的深渊。当我们精疲力竭时，美国会像宰割墨西哥那样宰割我们。如果我们选择独立，那么现在就要开始着手准备了，毕竟我们人口不多，边防极其脆弱。

如果把爱国主义放到一个更高的层次和更广阔的视域下，也许加入大英帝国联盟是加拿大最好的选择。从逻辑上讲，选择大英帝国联盟和选择独立与我们追求的事业都不矛盾。而且选择大英帝国联盟会使我们过去所做的一切变得更有意义：我们从1776年的分裂中获得重生；我们奇迹般地守住了零星的定居点，没有让美国的阴谋得逞；我们为统一事业不懈地斗争；我们锐意进取，不断开疆拓土；我们付出了巨大代价，加拿大才有

第六章

了今天。宣告独立的想法有一点点自私，而加入大英帝国联盟不只是考虑到我们自己的利益，还要照顾到母国的利益，同时可以用我们的忠诚偿还对母国的亏欠之情。构建如下的一种大英帝国联盟还是可能的：每个成员国享有高度的自治权，中央政府的干预的权力受到严格控制，各成员国提出的合理要求可以获得满足。大英帝国要确保联盟条件下的各国能享受到实际意义上的独立待遇。不过，实施这样的联盟计划，我们需要克服重重困难，好在我们已经习惯了迎战各种困难。大不列颠、加拿大、澳大利亚和南非之间距离虽然遥远，客观上达不到联盟的条件，但快船、速递、电缆和电报会减少实际距离带来的影响。现在，天各一方的帝国各成员国之间的心理距离要比不列颠—哥伦比亚加入加拿大自治领时渥太华与温哥华之间的距离还要近。加入大英帝国联盟，我们不仅能获得政治上的独立，还可免遭兼并的耻辱，也不必因独立而背上忘恩负义的骂名。这样的联盟建立有利于维护世界的和平，会给我们的民族带来巨大的荣耀。世界史上最炫目的篇章与它相比也会黯然失色。当年，在一个动荡贫穷的殖民地基础上，加拿大实现了散居的殖民区大统一的梦想，并创造了将疆域扩展为三面临洋的辉煌。如今大英帝国联盟同样可以实现。从前，加拿大教会了弱省在帝国制度下如何通过联盟的方式形成强大的联邦。因此,加拿大可以再次承担光荣的使命,实现更伟大、辉煌的帝国联盟梦想。

附录 A

《英属北美法案》

本法案为加拿大省、新斯科舍省、新不伦瑞克省及自治领政府的根本大法。

1867 年 3 月 29 日

加拿大省、新斯科舍省和新不伦瑞克省希望联合成立自治领。各方同意自治领由大不列颠和爱尔兰联合王国统治。自治领适用的宪法原则与英国宪法原则相似；联合要有利于保障各省的福祉，同时还要维护大英帝国的利益；

无论从自治领的立法权来看，还是从自治领政府的行政性质来看，经英国议会授权成立自治领都会带来诸多益处；

制定有利于促成英属北美殖民地其他省最终加入自治领的条款；

因此，经征求神职议员、普通议员以及众议院意见并获同意，经同级权力机构授权，本届议会会议通过本法案，由女王签署颁布。内容如下：

一、序言

1. 在引用时，本法案应该称为《英属北美法案（1867）》。

2. 本法案条款中所指的"女王陛下"可延及其后嗣和继承人，即日后的大不列颠和爱尔兰联合王国国王和女王。

二、自治领

3. 经征求尊敬的枢密院意见并获同意后，女王陛下的如下声明具有法律效力：在本法案通过后，指定六个月内的某一天作为加拿大省、新斯科舍省、新不伦瑞克省联合成立"加拿大自治领"的纪念日，从该日起，三省归加拿大自治领管辖。

4. 除非另有说明，本法案中的所有条款自自治领成立纪念日起生效。换言之，自自治领正式成立之日起，女王的这些公告生效；同时，除非另有说明，本法案所列条款中,"加拿大"一词特指"加拿大自治领"。

5. 加拿大由四个省组成:安大略省、魁北克省、新斯科舍省和新不伦瑞克省。

6. 原先加拿大省(在通过本法案时还存在)的两个地区曾分成上加拿大省和下加拿大省,现在这两个地区变为两个单独的省。原上加拿大省的地区组成现在的安大略省,原下加拿大省的地区组成现在的魁北克省。

7. 本法案中所指的新斯科舍和新不伦瑞克两省保持现有范围不变。

8. 定于1871年对加拿大进行人口普查,此后每十年进行一次。每次普查时,要分别统计清楚四省各自的人口数量。

三、行政权

9. 主管加拿大事务的行政部门和权力机关应继续保留,为女王服务。

10. 本法案条款中所指的督军可指加拿大现任督军,也可指当前代表女王在加拿大担任首席执行官或首席行政官员的人,无论其头衔为何。

11. 应成立顾问委员会以襄翊加拿大政府,并为之提供咨询,即"女王的加拿大枢密院";顾问委员会成员可由督军指定后宣誓就职，随时听命于督军。督军有权随时撤换顾问委员会成员。

12. 根据大不列颠议会法案、英国和爱尔兰联合王国议会法案及上加拿大、下加拿大、加拿大、新斯科舍和新不伦瑞克省议会法案，经征求各省执行委员会会同诸多成员达成一致意见并同意，可由原总督和督军本人自行斟酌，属于各自督军和总督、由其行使的、与加拿大政府相关的一切权力和职责应予以保留，在自治领成立后由督军行使这些权力、承担这些职责。这些权力和职责须征求加拿大顾问委员会意见，并获得加拿大理事会的同意，或会同加拿大理事会及诸多成员，达成一致意见，可由督军结合具体情况自行斟酌后（由大不列颠议会法案、英国和爱尔兰联合王国议会法案规定的权力、职责除外），予以废除和更改。

13. 本法案各条款所指督军会同加拿大顾问委员会，应解释为督军按照加拿大顾问委员会的意见行事。

14. 女王陛下可随时任命她认为合适的个人或几人为督军，代表她在加拿大任何地区行使权力，在必要、适宜时这些人行使督军的权力，承担督军的职责；所任命的代理人不得影响督军本身的权力和职责。

15. 加拿大的三军统帅以及一切军事力量予以保留，由女王管辖。

16. 除非女王另有指示，加拿大政府所在地设在渥太华。

四、立法权

17. 加拿大应设立议会，由女王、参议院和众议院组成。

18. 新条款取代旧条款，见附录B。

19. 仅与第一次议会召集有关。按本部分条款行使。

20. 每年应至少召开一次加拿大议会会议，即每届议会的最后一次会议到下届会议的第一次会议间隔应少于十二个月。

参议院

21. 根据本法案条款规定，参议院由七十二名参议员组成。

22. 根据参议院构成规则，加拿大参议院应由三部分组成：

（1）安大略省；

（2）魁北克省；

（3）沿海省——新斯科舍和新不伦瑞克；

这三个部分（按照本法案规定）在参议院拥有同等

的代表席位，具体分配如下：安大略省二十四名参议员；魁北克省二十四名参议员；沿海省二十四名参议员，其中新斯科舍十二名，新不伦瑞克十二名。

就魁北克而言，在代表该省的二十四名参议员中，每一名参议员应该代表加拿大综合法第一章中计划A所规定的下加拿大二十个四个选区之一。

参议员现有八十一席，其中安大略省二十四席，魁北克省二十四席，新斯科舍省十席，新不伦瑞克省十席，曼尼托巴省四席，不列颠—哥伦比亚省三席，爱德华王子岛四席，西北地区二席。详见本法第一百四十七条。爱德华王子岛现已加入自治领，新斯科舍省和新不伦瑞克省的代表各十人。曼尼托巴省有四名参议员，其人口七万五千余人（1891年达十五万两千五百零六人）。（英格兰和威尔士最高法院判例第十二章）

23. 参议员任职资格如下：

（1）候选人应年满三十周岁；

（2）候选人生而为加拿大公民；或在自治领成立前后，按照大不列颠议会法案、英国和爱尔兰的联合王国议会法案规定，按照上加拿大、下加拿大议会、加拿大、新斯科舍立法规定，由加拿大议会批准后成为加拿大公民；

（3）候选人应在其就职的省依法独立拥有自用或

盈利的土地或租用地，或者从遗产继承而来的土地或租用地。扣除候选人的租金、应付税款、债务资费、住房按揭、负累权益等应付款项外，这些土地和租用地的价值在四千加元以上；

（4）去除债务后，候选人所拥有的房地产和不动产实际价值应该不少于四千加元；

（5）候选人应为就职地区的居民；

（6）就魁北克地区而言，候选人应当在所任职选区拥有自己的不动产，或为该选区的居民。

24. 督军可不时以女王的名义，以印有加拿大公章文书的形式，召见符合要求的人进入参议院。按照本法的规定，参议员须依程序被召见后方可进入参议院。

25. 女王陛下认可批准，且在委任状上亲笔签名后，这些人首先会被召集至参议院，之后他们的名字会被记载在女王的联邦公告上。

26. 督军可随时推荐三至六名成员，经女王认可后进入参议院。督军可通过召集三名或六名符合要求的人（视情况而定）来增加参议院的席位。名额需平均分配给加拿大的三个地区。

27. 督军推荐增加新席位情况发生时，除非女王陛下另有指示，加拿大的每个选区在已达到二十四名代表后，督军不得再召人进参议院增加新的席位。

28. 参议员总数在任何时候都不得超过七十八。详见第二十二条。

29. 参议员应遵守本法案规定,在参议院终身任职。

30. 参议员可亲自写信给督军辞去自己在参议院的职位,该席位随即空缺。

31. 在出现以下情况时,参议员的席位空缺:

(1) 参议员连续两次未能出席参议院会议;

(2) 参议员宣称或声明,他已依附于某外国政权,或经过法律程序成为某外国政权的国民或公民,享有该国国民或公民的权利或特权;

(3) 参议员宣告破产或资不抵债,或欠款无法偿还,已经申请任何形式法律保护;

(4) 参议员犯叛国罪及其他重罪或任何处剥夺公民权利的罪;

(5) 参议员不再满足产权或居住条件方面的要求;但参议员居住在加拿大政府所在地而政府要求在其他地任职的情况,不应视为不符合任职要求。

32. 因参议员辞职、死亡或其他原因致使席位空缺时,督军应召入符合任职要求的人填补空缺。

33. 对参议员资格或参议院席位空缺有任何异议,应提请参议院审理裁定。

34. 督军可随时以印有加拿大公章文书的形式,任命一名参议员为参议院议长,也可将其罢免,任命新的议长。

35. 除非加拿大议会另有规定,包括议长在内至少十五名参议院成员在场的情况下,才能召开参议院会议,行使参议院的权力。

36. 参议院面对争议问题时,应由多数人决定。在任何情况下,议长都有投票权。当无法得出多数意见时,议长应否定决议。

众议院

37. 按规定众议院由一百八十一名成员组成(维多利亚女王在位第五十到五十一年第四号普通法),但现在本院有二百一十五名成员,比例如下:安大略省九十二名;魁北克省六十五名;新斯科舍省二十一名;新不伦瑞克省十六名;爱德华王子岛六名;不列颠—哥伦比亚省六名;曼尼托巴省五名;西北地区四名。下次大选后,成员将变为二百一十三名,其中安大略省九十二名;魁北克省六十五名;新斯科舍省二十名;新不伦瑞克省十四名;曼尼托巴省七名;不列颠—哥伦比亚省六名;爱德华王子岛五名;西北地区四名(维多利亚女王在位第五十五到五十六年第一百一十七号普通法)。

38. 督军可随时以女王的名义，以印有加拿大公章文书的形式召见或召集众议院。

39. 参议员不可被选为众议院议员，也不可参加众议院的投票和选举活动。

40. 如加拿大议会无特殊规定，安大略省、魁北克省、新斯科舍省和新不伦瑞克省在选举众议院议员时，选区设置如下：

按加拿大法案所分选区现已更改。详见加拿大修正法第六章（维多利亚女王在位第五十至五十一年第四号普通法修改）。每个地区有一名议员。

41. 如加拿大议会无专门规定，省级有关选举事项的法律应该和自治领的选举法律不发生冲突。目前，按照第五、八、九章及后续要修正的本法案，加拿大自治领负责为相关事宜立法。因而本条法令撤换。

42. 关于自治领首届议会选举的内容作废。

43. 关于召开议会之前填补空缺席位的内容已撤换。

44. 大选后，众议院召开首次会议时，应尽快选出一名议长。

45. 议长职位因辞职、死亡或其他原因造成空缺时，众议院应尽快在议员中选出新的议长。

46. 众议院一切会议均由议长主持。

47. 除非加拿大议会另有规定，众议院议长无论何种理由连续四十八小时缺席时，众议院可以另选一名议员作为代理议长，在议长缺席期间行使议长的权力和特权，履行议长的义务。

48. 包括议长在内至少有二十名议员在场时，才能召开众议院会议，行使议会的权力。

49. 众议院内出现的问题应由多数人决定，而不是由议长决定。当无法得出多数意见时，议长要召集投票，否则不用投票。

50. 众议院议员的每届任期为五年，从委任状送达当日计起（督军提前解散众议院的情况除外）。

51. 1871年，人口普查完成后以及之后十年一次的人口普查完成后，有关机构可按照加拿大议会的规定和下列规则，重新调整四省议员的人数：

（1）魁北克省的议员人数固定为六十五人；

（2）其他省议员数量与人口总数（以人口普查为准）的比例，应与魁北克省的议员与其人口总数的比例相同；

（3）在计算一省的议员人数时，如果出现小数部分，小数部分采取四舍五入的做法；

（4）重新调整一省议员的人数时，除非该省人口占加拿大总人口的比例比上次调整时减少了百分之五以上，否则分配给该省的议员人数不得减少；

（5）本期议会终止后，新调整的内容方可生效。

52. 在不影响上述各省代表比例的情况下，加拿大议会可随时增加众议院议员的总人数。

详见上述第三十七条和四十条。此处所指的"调整"意为已经做出的调整，请参见第三十七条末尾注。

财政投票：王室御准

53. 众议院有权提出财政收入或征收赋税的议案。

54. 未经督军在议会会议上向众议院提议就采纳或通过的任何有关动用财政收入和赋税的表决、决议、请愿或者议案等，无论其目的为何，均无法律效力。

55. 议会通过的议案应上呈督军以请示女王同意。督军按照本法案相关条款规定及女王陛下的授意，经多方权衡后，或宣布代表女王批准议案，或宣布该议案未获得女王批准，或宣布女王对议案持保留意见。

56. 督军以女王的名义批准某议案时，应尽快把议案真实有效的副本送至国务大臣处，若在国务大臣收到该副本的两年内（以国务大臣确认收到该议案之日为准），女王会同枢密院认为应该驳回议案，督军应以口头或书面方式告知议会该议案已被驳回，自告知日后该法案随即废除。

57. 女王表示要求保留的议案，在上呈督军以征求女王同意的两年内，除非督军以口头或书面方式告知议会两院该议案已经获得女王会同枢密院的批准，否则该议案不具有任何法律效力。

所有口头、书面告知或公告都应由两院记录在案，并将已经证实的副本送至专员那里，由其保存在加拿大国家档案中。

五、各省组织制度

行政权

58. 每省设一名总督，总督由督军以盖有加拿大印章文书的方式聘任。

59. 总督由督军任命。在首届加拿大议会会议召开的五年内，除非有相当充分的理由，否则不得撤除已被任命的总督。发生撤除总督的情况时，撤职令下达后一个月内要以书面的形式通知总督本人撤职的原因；若议会在召开会议，应在一周内将此事告知参议院和众议院；若是议会处于闭会期，则应在下次会议召开后的一周内告知参众两院。

60. 总督的薪水由加拿大议会规定和支付。

61. 每位总督在就职前，应与督军就职时一样，在督军面前或督军授权之人面前宣誓，并签署宣誓书。

62. 本法案条款所指总督包括现任各省总督，或目前在加拿大各省从事政府工作的首席执行官或首席管理者，无论其头衔为何。

63. 安大略省和魁北克省的执行委员会成员由总督挑选和任命，首次设置有如下职位：检察总长、行政秘书长、财务主管、王室土地专员、农业及公共工程专员、立法委员会议长和法务官（魁北克省的情况）。安大略省的具体情况可参见《1887年安大略省修正法》。

64. 根据本法案规定，新斯科舍省和新不伦瑞克省行政执行机关继续保留，但须按照本法案的条款做出一些相应的调整。

65. 根据大不列颠议会法案以及英国和爱尔兰联合王国议会法案的规定和上加拿大、下加拿大、加拿大省、新斯科舍省及新不伦瑞克省立法机构的规定，征求各省执行委员会会同枢密院的意见，汇总诸多成员的一致意见，并征得原总督和督军本人的同意，那些原本属于督军和各自总督行使的一切权力、承担的一切职责，在自治领成立后由安大略省和魁北克省的总督行使。行使这些权力、承担这些职责时必须征求各省执行委员会的意见，并获得它们的同意，或会同诸多成员的一致意见后，由总督权衡利弊，视具体情况（除了大不列颠议会法案、英国和爱尔兰联合王国议会法案的规定）可就某些权力和职责做出废除或更改的决定。

66. 本法案所指总督会同委员会，应解释为总督按照执行委员会的意见行事。

67. 总督因生病或其他原因不能履行职责时，督军会同委员会可任命一名管理者，代理行使总督的权力。

68. 如果各省行政机关没有另外的安排和说明，那么各省政府所在地保留现在的设置：安大略省为多伦多市；魁北克省为魁北克市；新斯科舍省为哈利法克斯市；新不伦瑞克省为弗雷德里克顿市。

（一）安大略省

69. 安大略省立法机关由总督和一个议院即安大略省立法议会组成。

70. 安大略省立法议会由八十二名成员组成，每个成员各自代表本法案附表一所列的八十二个选区。

安大略省现有八十九个选区，九十一名代表（根据维多利亚女王在位第五十二年所制定第二号普通法第二条修订的1887年安大略修正法）。下届议会人数会根据下次人口普查的结果进行调整。

（二）魁北克省

71. 魁北克立法机关由总督和两院组成，即魁北克省立法委员会和魁北克省立法议会。

72. 魁北克省立法委员会由二十四名成员组成，由总督以女王的名义和盖有加拿大印章的文书任命，成员分别代表本法案所指下加拿大的二十四个选区。除了依本法案魁北克省立法机关另有规定外，立法委员会委员为终身制。

73. 魁北克省立法委员会委员的选任要求与魁北克省参议员的选任要求相同。

74. 魁北克省立法委员会委员席位空缺时，应参照参议员席位空缺时的规定作适当调整。

75. 因委员辞职、死亡或其他原因造成魁北克省立法委员会席位空缺时，总督应以女王名义和盖有加拿大印章的文书任命适当人选以填补空缺。

76. 任何关于立法委员会委员资格或委员会席位空缺的异议，应当由魁北克立法委员会审理和裁决。

77. 总督可随时以盖有魁北克省印章的文书任命魁北克省立法委员会某委员为议长，也可将其罢免，任命新的议长。

78. 除非魁北克省立法机关另有规定，否则至少有包括议长在内的十五名议员在场才能召开会议，行使权力。

79. 魁北克省立法委员会的内部问题处理结果应由多数人意见决定，任何情况下议长都有投票权，当无法得出多数人意见时，决议不得通过。

80. 魁北克省立法议会由六十五名议员组成，每位议员各自代表本法所指的下加拿大的六十五个选区，而魁北克省立法机关对选区及代表的名额有权做出更改。但魁北克省总督不得同意任何更改选区范围或本法案第二附表所述选区条款的议案，除非更改议案在二审和三审时得到大多数代表各选区和地区的议员们的一致同意，而且立法大会也向总督递交了已通过议案的书面说明。

（三）安大略省和魁北克省

81. 有关安大略省和魁北克省第一次立法议会的内容作废。

82. 安大略省与魁北克省总督可随时以女王的名义及盖有加拿大印章的文书，召见或召集本省的立法议会议员。

83. 除非安大略省或魁北克省的立法机关另有规定，任何在两省内接受任命或就职的人，无论是受托还是雇佣，无论是长期还是临时，只要由总督提名，并且领取过任何形式任何数量的年薪、费用、津贴、薪酬等，就不再拥有省立法议会议员的资格，不得出席立法会议并进行投票。但本法不剥夺任何省执行委员会成员的资格或以下部门的任职资格：司法部长、省秘书长和常务司法官、省财务主管、公有土地专员、农业和公共工程专员、魁北克省大法官。只要被选入委员会，他们就有权出席执行委员会会议并进行投票。

安大略省已通过进一步保障立法机关独立立法权的法案，详见《1887年安大略省修正法》第十一章的第六至十四条。

84. 有关安大略省和魁北克省选举方面的事宜，由《1887年安大略省修正法》第九章和第十章取代。

85. 自选出的安大略省和魁北克省立法议会议员的令状送达之日起，每届议会至多存续四年时间（除非安大略省或魁北克省立法议会被总督提前解散）。

86. 安大略省和魁北克省立法机关每年至少召开一次会议，即每届议会的最后一次会议到下届议会的第一次会议的间隔不超过十二个月。

87. 本法案中有关加拿大众议院的条款的效力同样适用于安大略省和魁北克省的立法议会事宜，即有关选举议长、席位空缺、议长职责、议长缺席、会议法定人数、投票机制等。这些条款应当视为专为省级立法议会设定的条款，适用于省级立法议会。

（四）新斯科舍省和新不伦瑞克省

88. 按照本法案规定，新斯科舍省和新不伦瑞克省的立法机关在自治领内继续保留，至本法案建立新的立法机关为止；通过本法案时，除非被提前解散，新不伦瑞克省内已设的议院应当继续保留，至选出新议院为止。

（五）安大略省、魁北克省和新斯科舍省

89. 有关召集首届立法机关的内容作废。

（六）四省

90. 本法案中关于加拿大议会的有关条款，即有关财政拨款和税收、财务决议、议案通过、议案驳回、议案保留的条款效力适用于各省级立法机关，这些条款应当视为各省立法机关重新制定的法律条款，适用于各省及省级立法机关。与此相应，条款中的督军改为总督，督军代表女王和国务大臣改为总督代表督军，两年改为一年，加拿大改为所对应省的名称。

六、立法权的分配及议会权力

91. 除了本法案规定的专属各省立法机关管理的事项外，任何经征求参议院与众议院意见和参议院与众议院同意后所制定的以维护和平与秩序、实现良政为目的的法律均合法有效。为进一步明确而非限制上述条款的普遍性，特此声明（尽管本法案中已有规定）加拿大议会在以下事项上有独立的立法权：

（1）公共债务和公共财产；

（2）贸易和商业规则；

（3）通过税务体系或机制筹资；

（4）政府信用借款；

（5）邮政业；

（6）人口普查与数据统计；

（7）民兵组织、陆军、海军与国防；

（8）制定和发放加拿大政府公务员和官员的薪水和津贴；

（9）指向标、浮标、灯塔和塞贝尔岛；

（10）航海和海运；

（11）检疫以及海军医院的建立与维护；

（12）海岸和海岛渔业；

（13）某省与英国或外国之间的渡轮运营，两省之间的渡轮运营；

（14）货币与货币制度；

（15）银行业、银行注册和纸币发行；

（16）储蓄银行；

（17）度量衡；

（18）汇票和本票；

（19）利率；

（20）法定货币；

（21）破产清盘；

（22）专利和发明；

（23）著作权；

（24）印第安人和印第安人保留地；

（25）入籍和脱籍；

（26）婚姻事务；

（27）除有刑事管辖权法院的章程外，包括刑事诉讼程序在内的刑法；

（28）监狱的建立、维护和管理；

（29）除由本法案授权各省立法会独立立法以外的事项皆已明示。且本条款所述的专属省级立法机关管理的事项不包括地方和私人性质的事项。

省级立法机关的专属权力

92. 各省立法机关可对以下事项独立立法：

（1）修改除了总督办公事务以外的法律法规；

（2）以增加省级政府收入的省内直接征税；

（3）省级信用借款；

（4）省级机构的建立与土地使用权、省级官员的任命和薪水；

（5）省内公共土地和林地管理及出售；

（6）监狱和管教所建立、维护、管理；

（7）省内或为该省设立的除海军医院以外的医院、收容所、慈善机构的建立、维护和管理；

（8）省内的市政组织；

（9）为增加省级、地方或市政收入而向商铺、沙龙、酒馆和拍卖行等颁发经营许可证；

（10）以下类别除外的地方工程和事业：

a. 蒸汽船或其他航船路线、铁路、运河、电报、或其他连接本省与外省及跨省域的工程事业项目；

b. 本省与英国或其他国家之间往来的任何蒸汽船航线；

c. 位于省内但在动工之前由加拿大议会宣布是为了两个或两个以上省的共同利益而修建的工程项目；

（11）公司与省级单位合并；

（12）省内婚姻程序；

（13）省内财产和公民权利；

（14）省级法院章程、维护与组织，刑事与民事管辖权，以及民事诉讼程序在内的省内司法事务；

（15）对违反本部分条款所列省级事务的行为有处以罚金、判刑或监禁的权力；

（16）通常仅限于省内地方或私人性质的所有问题。

教育

93. 参照以下条款规定，各省及其立法机关可以就教育问题制定专门的法律：

（1）任何专门法律都不得损害教会学校根据联邦

省级法律享有的一切权利和特权;

（2）联邦内上加拿大天主教学校和女王天主教教育委员依法享有的一切权力、特权和义务同样适用于魁北克的新教徒和罗马天主教的教会学校。

（3）省内教会学校或异教派学校制度受自治领法律或省级法律的保护，任何由省级权力机构做出的决议或决定如果影响到女王臣民中居少数地位的新教徒或天主教徒的教育权利或特权的话，须交由督军进行裁决。

（4）若督军认为保证本部分所规定条款顺利实施的省级法律尚未制定，或督军会同顾问委员会的决议并未由省级立法机构认真恰当地履行（当且仅当这些特殊情况发生时），加拿大议会可制定补救性的法律，以保证本部分条款和督军会同顾问委员会的决议能够顺利执行。

安大略、新斯科舍和新不伦瑞克的法律一致性问题

94. 加拿大议会可就安大略省、新斯科舍省和新不伦瑞克省内关于财产和公民权利的法律以及法庭程序一致性问题制定法律条款。任何由加拿大议会通过而制定的法律条款若涉及本法案已述条款，均不受本法案中已有规定的限制。各省立法机关只有将加拿大议会为保持各省法律一致性所制定的法律条款接受为本省法律后，这些法律条款才能生效。

农业及移民

95. 各省立法机关可制定农业和移民方面的法律。在此须特别声明，加拿大议会可随时就某省或所有省的农业问题立法，也可就某省或所有省的移民问题立法。在不与加拿大议会立法发生抵触的情况下，各省立法机关所制定的农业和移民方面的法律皆有效。

七、司法

96. 除新斯科舍省和新不伦瑞克省的遗嘱认证法庭外，各省高级法院、市级法院以及县级法院的法官均由督军任命。

97. 在安大略省、新斯科舍省和新不伦瑞克省的财产和公民权利方面的法律及法庭程序达到一致之前，督军任命的各省法院的法官应当从各省的律师中选出。

98. 魁北克省法院的法官应当从该省的律师中选出。

99. 高级法院的法官在任职期间必须保持品行端正，否则督军在收到参议院和众议院的请愿时可将其撤职。

100. 高级法院、市级法院以及县级法院（除新斯科舍省和新不伦瑞克省遗嘱认证法院外）法官的薪水、津贴和养老金以及特殊情况下海事法院法官的薪水由加拿大议会制定并发放。

101. 本法案中已有规定，加拿大议会可随时就加拿大常设上诉法院的章程、运行和组织方面立法，为了更好地实施加拿大法律也可增设法院。

省法院法官薪水详见《英格兰和威尔士最高法院判例》第一百三十八章。加拿大常设上诉法院详见《英格兰和威尔士最高法院判例》第一百三十五章。财政法院详见维多利亚女王在位第五十到五十一年议会所制定的第十六号普通法案。

八、岁入、债务、资产、税收

102. 成立自治领政府成立之前及之后，加拿大省、新斯科舍省和新不伦瑞克省各立法机关有权动用的关税和税收收入为：依据本法规定，由各省立法机关保留的部分；由立法机关因被授予的特殊权利而筹集到的部分。其他部分的关税和税收收入应按照本法案规定，作为综合税收基金用于加拿大的公共服务。

103. 加拿大综合税收基金应长期承担因收税、管理、出具收据等而产生的成本和手续等开销费用。除非议会另有规定，应将这些开销记录为第一支付项目，以备督军会同枢密院审阅和审计。

104. 加拿大省、新斯科舍省和新不伦瑞克省公共债务的年利息为加拿大综合税收基金的第二支付项目。

105. 在加拿大议会不作修改的情况下，督军的薪水应当为大不列颠和爱尔兰联合王国币制的一万英镑，这笔费用构成了加拿大综合税收基金会的第三支付项目。

106. 本法案所规定的几种由加拿大联合税收基金会支付的款项，应当得到加拿大议会同意后，以公共服务费形式拨付。

综合基金会详见《英格兰和威尔士最高法院判例》第 29 章。

107. 联邦政府成立时各省所持有的股票、现金、银行存款和贷款抵押物，除本法案特殊说明外，均为加拿大财产，而各省的债务也相应从这部分财产中抵扣。

108. 本法案第三附表所列各省的公共工程和财产均属加拿大的财产。

109. 自治领成立时，属于加拿大省、新斯科舍省和新不伦瑞克省的土地、矿山、矿藏、矿区使用权以及因其产生的到期应付的费用，除代管或其他与本省无关的项目外，都属拥有这些土地、矿山、矿藏的安大略省、魁北克省、新斯科舍省和新不伦瑞克省所有。

110. 各省资产的公共债务部分由所属省各自承担。

111. 加拿大应承担自治领成立时各省产生的债务。

112. 自治领成立时，加拿大省的债务超过六千两百二十五万加元的部分（如果有的话），由安大略省和魁北克省共同承担，年利率为百分之五。

113. 本法案第四附表所列自治领成立时属于原加拿大省的资产，应当视为安大略省和魁北克省的共同资产。

114. 新自治领成立时，斯科舍省的公共债务超过八百万加元的部分（如果有的话），由新斯科舍省承担，年利率为百分之五。

115. 自治领成立时，新不伦瑞克省公共债务超过七百万加元的部分（如果有的话），由新不伦瑞克省承担，年利率为百分之五。

116. 若新斯科舍省的公共债务不足八百万元，新不伦瑞克省的公共债务不足七百万元，它们可按照实际金额和各自债务的不同，每半年提前从加拿大政府获得年利率为百分之五的金额。

除一百一十二条、一百一十四条、一百一十五条规定的七千七百五十万加元外，自治领成立以来，政府已替各省承担三千一百九三万零一百四十八加元的债务。

117. 各省应保留本法案未处理的公共财产，但出于军事防御和国防考虑，加拿大有权征用任何公共土地和地产。

118. 加拿大每年应向各省支付以下数额的款项，以支持其政府和立法机构开展工作：

安大略省　　　　　八万加元

魁北克省　　　　　七万加元

新斯科舍省　　　　六万加元

新不伦瑞克省　　　五万加元

加拿大每年应向上述各省总计拨款二十六万加元，平均每个人头零点八加元（根据1861年的人口普查数据）。就新斯科舍省和新不伦瑞克省的具体情况而言，之后每十年进行人口普查时，两省人口总数在达到四十万之前，拨款的数额保持不变。此类拨款应能充分满足加拿大未来一年的开支，应当半年一次，分两次提前拨付给各省。但加拿大政府可从此笔拨款中扣除各省超过本法规定的公共债务期限时须支付的利息部分。

119. 自治领成立十年内，新不伦瑞克省每半年可从加拿大提前得到每年六万三千加元的额外津贴。但只要该省的公共债务少于七百万加元，应当从这六万三千加元的津贴中扣除债务差额百分之五的数额。

120. 除非加拿大议会另有指示，本法案规定的所应支付的款项，或加拿大各省法案规定的债务清偿部分，应遵从督军命令行事。

本法案有关各省补助的现行办法请参见《英格兰和

威尔士最高法院判例》第四十六章。

121. 自治领成立后,各省生长、生产、制造的物品和产品,均可自由进入自治领内各省。

122. 按照本法案规定,在加拿大议会做出修改之前,各省的海关和消费税法应当继续保留。

这些事项已由自治领立法,请参见《英格兰和威尔士最高法院判例》第三十二、三十三、三十四章。

123. 自治领内两省之间应缴纳关税的货物和商品从一省运往另一省的时候,应当出示由出口省开具的货物和商品清关凭证,并进一步缴纳进口省所应征收的关税(如果有的话)。

124. 本法或自治领成立前后的各种修正案中的任何规定,不得影响新不伦瑞克省修订法中第五章第三条所提到的该省征收木材税的权利,也不得提高这些税款的数额。除新不伦瑞克省以外,其他省的木材不支付这些费用。

新不伦瑞克省上交木材税后,自治领每年拨付给该省十五万加元额外的财政款。请参见《英格兰和威尔士最高法院判例》第四十六章第一条。

125. 属于加拿大或各省的土地和财产不需纳税。

126. 按照本法案规定,自治领成立前,加拿大省、新斯科舍省和新不伦瑞克省各立法机关所享有的动用部分关税和税收的权力，由各省级政府或立法机关继续保留。以本法案授予的特殊权利而筹集起来的关税和税收收入应当在各省内成立综合税收基金，以服务于各省的公共事业。

九、其他条款

总则

127. 通过本法案时，加拿大省、新斯科舍省和新不伦瑞克省的立法委员会成员若被选入参议院，但他没有在三十天之内亲笔上书加拿大督军、新斯科舍省和新不伦瑞克省总督（视情况而定）表示接受该职务，那么就视为他放弃了该职务。通过本法案时，若新斯科舍省或新不伦瑞克省立法委员会成员接受了参议院提供的席位，则其在立法委员会的席位应该空出。

128. 加拿大参议院和众议院的成员加入议院前，应当在督军或督军授权的代理人面前宣誓并签署宣誓书；各省立法委员会或立法议会的成员加入委员会或议会前，应当在总督或总督授权的代理人面前宣誓，并签署本法案附表五中提到的宣誓书；加拿大参议院的成员和魁北克立法委员会的成员加入议院和委员会前，应当在督军或督军授权的代理人面前，声明自己已经满足该附表所列的任职要求。

129.除非本法案另有规定,自治领成立时加拿大省、新斯科舍省或新不伦瑞克省所有的现行法律、所有民事和刑事法院、所有法律委员会、权力、司法、行政、执法机关应该像自治领成立前一样在安大略省、魁北克省、新斯科舍省和新不伦瑞克省继续保留。但依照本法案规定,加拿大议会及各省立法机关有权撤销、废止或更改上述法律或机构(由大不列颠议会或大不列颠及爱尔兰联合王国议会制定的法律或设置的机构除外)。

130.加拿大议会出台专门规定之前,原来各省的官员相应成为加拿大的官员,应履行除了本法案规定由专门省级立法机关和省履行职责以外的其余职责,其承担相应的责任和失责惩罚不变,与自治领成立之前时一样。

131.除非加拿大议会另有规定,督军会同顾问委员会可随时任命他认为保证本法案有效实施的合适官员。

132.加拿大政府和议会拥有大英帝国与外国所签条约而产生的与加拿大或各省相关的必要且适当的权力,以履行相关的义务。

133.加拿大议会和魁北克立法机关辩论时,辩论人可使用英语或法语;这些机构的所有辩论记录和议事记录也应使用这两种语言存档;在任何由本法案所立的加拿大法院所提交的裁决、抗辩和诉讼过程中,当事人都可使用英语或法语。

加拿大议会和魁北克立法机关所通过的法案应当同时用英语和法语出版发行。

安大略省和魁北克省

134. 安大略省和魁北克省的立法机关出台专门规定之前，安大略省和魁北克省总督可用盖有省印的文书任命以下官员：司法部长、省秘书长和常务司法官、省财务主管、公有土地专员、农业和公共工程专员、司法部副部长（魁北克省）。总督会同执行委员会可下令规定各部门官员和职员所应履行的职务及其所掌管或从属的部门，也可提名增加任职官员，规定这些增加的官员和职员所应履行的职务、所掌管或从属的部门。

安大略省《文官任用法》，请参见《1887年安大略修正法》第十四章。

135. 安大略省或魁北克省立法机关出台专门规定之前，通过本法案时，按照上加拿大省、下加拿大省或加拿大省的法律、法规、条例规定的各相关官员（司法部副部长、加拿大省秘书长和常务司法官、财务部长、公有土地专员、公共工地专员、农业部长和税收局长）所享有的一切权利、权力、义务、职能、责任或权威，应当由总督任命的官员继续享有。通过本法案时，农业和公共工程专员应当继续履行由加拿大省规定的义务和职责。

136. 上加拿大省和下加拿大省、安大略省和魁北克省的临时省印失效。

137. 自治领成立时,现有法案中使用的"下届议会"一词失效。

138. 自治领成立后,任何契据、令状、诉讼程序、请愿、档案等相关法律文件中使用"上加拿大省"和"下加拿大省"与用"安大略省"和"魁北克省"的措辞具有同等的效力。

139. 自治领成立前,以盖有加拿大省印文件宣布且至自治领成立时已生效的公告,无论是与加拿大省还是与上加拿大省或下加拿大省有关,其所宣布的事务或事实应当像自治领成立之前一样有效。

141. 有关原加拿大省监狱的内容,请参见《1887年安大略修正法》第一百八十二章的规定。

142. 上加拿大省和下加拿大省的债务、信贷、担保、地产和资产的划分与调整事宜应交由三名仲裁构成的仲裁委员会负责。三名仲裁员分别由安大略省政府、魁北克省政府和加拿大省政府选出。仲裁员需通过加拿大省议会和安大略省与魁北克省立法机构同意方可选出,加拿大省政府所选仲裁员不能是安大略省或魁北克省的居民。

143. 督军会同顾问委员会可随时下令将诸多加拿大省的档案记录、书籍和文件移交给安大略省或魁北克省，这些资料即成为该省的财产。这些资料的复印件或摘录经由管理原件的官员认证后，可被采纳为有效证据。

144. 魁北克省总督可随时以盖有省印的公告声明，从某指定日期起，在魁北克省的部分地区划定范围，成立新的镇区。

十、跨殖民地铁路

145. 有关跨殖民地铁路建设的内容。铁路现已按要求修建，本条作废。

十一、其他省加入联邦事宜

146. 审阅由加拿大议会两院以及纽芬兰、爱德华王子岛、不列颠—哥伦比亚各省或殖民区立法机关递交的请愿书后，征求英国枢密院的意见和建议后，女王承认上述殖民区或省加入加拿大自治领的行为合法有效。女王审阅由加拿大议会两院递交的请愿书后，按照本法案女王认为合适并已同意的相关规定，同意鲁伯特地区和西北地区加入加拿大联邦。下达到各省的枢密令应被视为如英国和爱尔兰联合王国议会颁布的法案一样有效。

根据本部分授权的条款，下列省已加入自治领：

曼尼托巴省和西北地区于1870年7月15日加入；

不列颠—哥伦比亚于1871年7月20日加入；

爱德华王子岛于1873年7月1日加入。

147. 就纽芬兰和爱德华王子岛加入自治领的情况而言，两省要有各四名代表进入加拿大参议院。单就纽芬兰加入自治领而言（在本法案中已有规定），参议员的常规人数为七十六人，最高人数为八十二人。爱德华王子岛加入联邦时，要被视为加拿大三个分区的第三部分；按本法案的条款所做的划分，爱德华王子岛在加入联邦后，无论纽芬兰是否加入联邦，应当将新斯科舍和新不伦瑞克各自的代表人数从十二减为十，参议院空出四个席位给爱德华王子岛。三个分区各自的代表人数均不得超过十，按照女王指示和按照本法案规定额外增加三到六名议员的情况除外。

详见本法案第二十二条。

附录

附录一和附录二有关原选区划分部分已按本法案第

五十一条规定随机地做过几次更改。

附录三

归属加拿大的省级公共工程和财产

1. 运河及相关土地和水力

2. 公共海港

3. 灯塔、防洪堤与塞贝尔岛

4. 蒸汽船、疏浚船和公共船舶

5. 河流和湖泊开发

6. 铁路公司及铁路股票、抵押贷款和其他到期应付债务

7. 军用道路

8. 除加拿大政府占用的省立法机关和省政府建筑外的所有海关、邮政局和其他公共建筑

9. 由帝国政府转移过来的财产，即条令财产

10. 军械库、训练场、军服、军需品，以及预留的公用目的土地

附录四

安大略和魁北克的共同资产

上加拿大建设基金

疯人院

师范学校

爱尔墨、蒙特利尔和基穆拉斯加法院（属下加拿大）

上加拿大律师协会

蒙特利尔公路信托基金

大学常备基金

皇家研究院

上加拿大综合市贷基金

下加拿大综合市贷基金

上加拿大农业协会

下加拿大立法补助金

魁北克火灾贷款

特米斯库亚塔预支款

魁北克公路信托基金

（东部）教育

下加拿大住房与应急基金

市政基金

下加拿大高等教育收益基金

附录五

誓词

我（姓名）郑重宣誓，效忠维多利亚女王陛下。

注释：大不列颠和爱尔兰联合王国的国王或女王的名字应按照当时的情况，冠以合适的尊称

资格声明

我（姓名）郑重宣誓并声明，我已经达到成为一名加拿大参议院成员的任职资格要求（或其他机构）。我在新斯科舍省（或其他省）独立且依法拥有用于自用与盈利的、不受约束的农役租佃土地和地产——由贵族遗产或平民遗产所得用于自用和盈利的土地和地产（根据实际情况）。去除租金、应付税款、债务、各种资费、住房按揭、负累权益等应该支付的款项外，我拥有的财产价值在四千加元以上。我没有为了成为加拿大参议院（或其他机构）议员，而与他人串通并伪造非实质性拥有上述土地和地产的事实。

附录（一） 加拿大自治领建省的法案

《大英帝国法案》——维多利亚女王在位第三十四至三十五年制订的第二十八号普通法

1871年6月29日

对加拿大议会在已加入和日后将加入自治领的土地上建立省，并规定这些省在加拿大议会中的代表权方面尚存异议。现在非常有必要消除这种异议，让各省能够在加拿大议会中拥有恰当的代表权。

附录A《英属北美法案》

经征求神职议员、普通议员以及众议院议员意见与建议，并获得同级权力机关授权，由女王签署通过了本届议会会议的决议：

1. 本法案被引用时应称"《1871年英属北美法案》"。

2. 加拿大议会可随时在加拿大自治领现有的领地建立省，但不可将其归入任何已有的省中，也可规定所建立省份章程和行政机构，或者通过以维护和平与秩序、实现良政为目的的法律，并规定该省在加拿大议会中的代表权。

3. 经加拿大自治领的省立法机关同意，加拿大议会可随时按照本法案的条款及该省立法机关的条款和条件增加、减少或改变该省的领土范围，并在该省立法机关同意的情况下宣布相关变动生效。

4. 加拿大议会可随时在任何地区制定以管理、维护和平与秩序、实现良政为目的的法律条款。

5. 下述由加拿大议会所通过的法案，分别命名为"鲁伯特地区和西北地区加入加拿大临时政府法案"，"修改保留第三十二、三十三号法案"，"维多利亚，第三章，建立曼尼托巴政府法案"。这些法案只要由加拿大自治领督军以女王名义同意，自同意之日起都应被视为有效。

6. 除本法案第三条规定外，加拿大议会无权更改上述最后一个法案内涉及曼尼托巴省的条款，或是此后在加拿大自治领建立新省的有关条款。除此之外，加拿大议会应当尊重曼尼托巴省的立法机关更改有关选民资格和立法议会成员的法律以及更改有关该省选举事项的权利。

附录（二）

根据《1867年英属北美法案》第十八条，消除对加拿大议会所享有权力异议的法案。

《大英帝国法案》——维多利亚女王在位第三十八到三十九年制定的第三十八号普通法

1875年7月19日

"参议院和众议院及其成员所享有的特权、豁免权和权力由《加拿大议会法案》规定，但不得超过本法案在获得通过时大不列颠和北爱尔兰联合王国议院及其成员所享有的特权、豁免权和权力。"

按照上述条款规定，对加拿大议会的规定内容有异议的，应当消除异议。

经咨询神职议员，普通议员与众议院意见和建议，并获同级权力机关授权后，由女王陛下签署通过了本届会议决议，内容如下：

1. 1867年《英属北美法案》第十八条现予废除，不影响按本条指示所作任何事情，而以下条款将取代已废除的条文。

参议院和众议院及其成员所享有的一切特权、豁免权和权力由《加拿大议会法案》规定，但《加拿大议会法案》所规定的这些特权、豁免权和权力不得超过大不列颠和北爱尔兰联合王国议院及其成员所享有的特权、豁免权和权力。

2. 女王在位第三十一年通过的《加拿大议会法案》的第二十四章规定，"在某些情况下，议会两院应该有见证宣誓者自愿接受议会管理的法案"，该法案在获得加拿大自治领督军批准后生效。

3. 引用本法案时应称为《1875年加拿大议会法案》。

附录（三）

关于加拿大自治领非省属领地在加拿大议会中代表权的法案

《大英帝国法案》

1886年6月25日

某些地区虽已加入自治领，但又不属于某一特定省。鉴于此，应当授权加拿大议会规定其在加拿大参议院或众议院的代表权及代表人数。

经咨询神职议员、普通议员与众议院意见和建议，并获同级权力机关授权后，由女王陛下签署通过了如下决议：

1. 某些地区虽已加入自治领，但又不属于某一特定省。鉴于此，加拿大议会可随时制订有关这些地区在众议院或参议院或两院中代表权方面的法律条款。

2. 在通过本法案之前，由加拿大议会通过的任何提及本法案内容的法案，只要未被女王驳回，就应当认为从获得加拿大督军以女王名义的批准之日起，一直在生效期。

特此声明，由加拿大议会通过的任何法案，无论是在本法案之前还是之后获得通过的，虽在《1867年英属北美法案》已有规定，但只要与本法案和《1871年英属北美法案》所规定的宗旨不违背，则均具有法律效力。同理，加拿大议会法案有关各省或地区在参议院或众议院中的代表人数规定在不违背《1867年英属北美法案》中所规定议员人数的前提下，可视情况适当增加议员的数量。

3. 引用本法案时应称"《1886年英属北美法案》"。本法案和《1867的英属北美法案》以及《1871的英属北美法案》应合称为"《1867至1886年英属北美法案》"。

附录 B
加拿大重要的印第安部落

加拿大历史上最著名的部落分为两大族：易洛魁族和阿尔冈昆族。易洛魁族人很强悍，极好斗，组织严明，发展领先于其他部落；阿尔冈昆族人数最多，分布地区最广。

一、阿尔冈昆族

阿尔冈昆人沿加拿大东部海岸而居，是早期探险者最先接触到的印第安人。分布在阿卡迪亚半岛及其海湾沿岸一带的是米克马克人。分布在圣约翰河谷一带的是麦利斯提人（Melisites）。麦利斯提人以西，即今缅因州，分布着凶悍、勇猛的阿本纳吉人（Abenakis）。分布在圣劳伦斯河下游北岸的是蒙塔格奈人（Montagnais）。分布在蒙塔格奈部落以西是真正的阿尔冈昆人。以上这些部落统称"阿尔冈昆族"。该族群据有魁北克和安大略的绝大部分土地。殖民时代初期，阿尔冈昆人受法国人统治。虽然阿尔冈昆人与易洛魁族的休伦人交好，但却被易洛魁人视为仇敌。奥吉布瓦人（Ojibways）人口众多，分布在安大略一带。肖尼人（Shawnees）属于阿尔冈昆族，从南方迁入加拿大。在著名领袖特库姆塞的带领下，肖尼人曾创造出短暂而辉煌的历史。加拿大早期历史上，属于阿尔冈昆族的著名部落还有伊利诺人（Illinois）及其亲戚萨克人（Sacs）和博塔瓦托米人（Pottawatomis）。属于阿尔冈昆族的克里人（Crees）人口众多，分布在从哈得孙湾到落基山脉的整个西北地区。萨斯喀彻温省叛乱时，克里人声名鹊起。从落基山脉沿萨斯喀彻温河向南便是黑脚部落。总体而言，虽然阿尔冈昆族地位比易洛魁族低，但与其他印第安族人的关系却处得更好。

二、易洛魁族

易洛魁族中最著名的是易洛魁人。易洛魁族五大部落结成了组织严密的联盟[①]。易洛魁族英勇善战、行动

[①] 即易洛魁联盟。——译者注

迅速、残暴冷酷，威震大西洋到密西西比河的所有地区。易洛魁族非常擅长使用政治和外交手段实现自己的目的。易洛魁族富有远见，善于制定明确的方针，并且数代人能一以贯之。易洛魁族非常精明，做事目标性强，能长期周旋于法国和英国殖民者之间，从它们那里获得其他印第安部落得不到的好处。组成易洛魁联盟的五个部落为：分布在尚普兰湖地区向东接近阿本纳吉人的莫哈克人（Mohawks）；分布在莫哈克人以西的奥奈达人（Oneidas）；分布在联盟中心地带的奥农达加人（Onondagas）；分布在安大略湖东端以南地区的卡优加（Cayugas）人；分布在联盟中心地带以西尼加拉瀑布地区的塞内卡人（Senecas）。后来，五大部落联盟又增加了一支从北卡罗来纳州迁徙来的亲戚部落图斯卡罗拉人（Tuscaroras）。于是，五大部落联盟变成了六大部落联盟。塞内卡人以西是所谓的中立部落。然而，在周围好战亲戚部落的影响下，中立部落未能逃脱毁灭的命运。易洛魁族另一凶猛的部落是伊利人（Eries），又被称为"野猫"。伊利人不愿和五大部落联盟交好，最后遭遇了与中立部落一样的命运。伊利人住在伊利湖以南，其名字也由此而来。加拿大早期历史上，我们最熟悉的印第安部落是休伦人（Hurons）或怀恩多特人

（Wyandots），他们生活在乔治亚湾东部和南部土壤肥沃的地区，那里村庄密集，良田遍布。休伦人还与法国人以及相邻的阿尔冈昆人建立了牢固的同盟关系。不过，休伦人最后被仇恨他们的易洛魁人灭了族。在勇气、组织、发展和语言等方面，休伦人和其好胜的亲戚易洛魁人非常接近。易洛魁人一直想把休伦人并入他们的联盟中。事实上，易洛魁人公开承认他们对休伦人发动过一次破坏性极强的袭击，目的就是要迫使休伦人加入他们的一个部落，因为他们的那个部落人丁不够兴旺。与很多印第安部落不同的是，易洛魁人并没有因为与文明接触而人口减少或消亡，他们如今的人数和其鼎盛时期的人数没有太大的变化。他们自给自足，过上了富足的生活。这一点足以证明他们在文明社会中的生存能力。目前，他们在现代生活的各个行业的表现都很优秀。

加拿大还有很多印第安部落不属于上述两大族群。在加拿大历史上，它们并不知名。阿西尼波因人（Assiniboines）以及苏族人（Sioux）均属伟大的达科他（Dakota）族印第安人。虽然苏族人住在明尼苏达州和达科他州，但时常会越过边境，从而引起加拿大印第安事务部的关注。阿西尼波因人生活在阿西尼波因河和萨斯喀彻温河流域，是西北地区仅次于克里人的第二大印第安部落。

正在捕猎牦牛的阿西尼波因人。保罗·卡内（Paul Kane，1810—1871）绘

克里人和阿西尼波因人以北是契帕瓦人。契帕瓦人属阿萨巴斯卡族（Athabascan stock）。狗肋（Dog-Ribs）人、黄刀（Yellow-Knives）人和萨尔西（Sarsi）人均属阿萨巴斯卡族。阿萨巴斯卡族中的阿帕切（Apache）人因残暴而出名，生活在加拿大边境以南的地区。

专有名词
英汉对照
(排序按照原书内容)

Abbot	阿伯特
Abenakis	阿布纳基人
Abercrombie	阿伯克龙比
Acadie	阿卡迪亚
Acadians	阿卡迪亚人
Acadian Expulsion	阿卡迪亚大驱逐
Act of Union	联盟法案
Agricola	阿格里科拉
Ainslie	安斯利
Aix-la-Chapellet	《亚琛和约》
Prince Albert	阿尔伯特亲王
Alberta	阿尔伯塔省
Alabama Claims	"亚拉巴马"号索赔案
Alaska	阿拉斯加
Allan Line	艾伦航运

Ethan Allen	伊桑·艾伦
Alma	阿尔玛
Alleghany River	阿勒格尼河
Albanel	阿尔巴内尔
Algonquin Plot	阿尔冈昆居留地
William Alexander	亚历山大·威廉
Amerigo Vespucci	亚美瑞格·韦斯普奇
General Amherst	阿默斯特将军
James Angel	詹姆斯·安杰尔
Appropriation Bill	年度预算案
Benedict Arnold	本尼迪克特·阿诺德
Adams Archibald	亚当斯·阿奇博尔德
George Arthur	乔治·亚瑟
Aroostook War	阿鲁斯图克战争
Samuel Argali	塞缪尔·阿加利
Lord Ashburton	阿什伯顿勋爵
Assinaboine	阿西娜波因河
Assiniboia	阿西尼波亚
Athabasca River	阿萨巴斯卡河
Avalon	阿瓦隆
Lord Aylmer	艾尔默勋爵
Bank Fisheries	海岸渔场

Baie des Chaleurs	沙勒尔湾
Isle of Bacchus	巴库斯岛
Lord Baltimore	巴尔的摩勋爵
Bay of Famine	泛闵湾
Batoche	巴托什
Battleford	巴特尔福德
Baldoon	巴尔顿
Baltic Timber Duties	波罗的海木材税
George Back	乔治·巴克
Robert Baldwin	罗伯特·鲍德温
Charles Bagot	查理·巴盖特
Bayard	贝亚德
Canadian Banking System	加拿大银行系统
Baring	巴林
Baldwin-Lafontaine	鲍德温－拉芳汀
Marquis de Beauharnois	博阿努瓦侯爵
Beauharnois militia	博阿努瓦民兵武装
Fort Beauséjour	博塞茹尔堡
Beaubassin	布伯桑
Beaujeu	博热
Beauport Stream	博波尔溪
Beorn	贝奥恩

245

Bering Sea Dispute	白令海纷争
Graham Bell	格雷厄姆·贝尔
Berlin Decrees	《柏林法令》
Biencourt	比安古
Biard	比亚尔
Bigot	比戈
Big Bear	大熊
Bibaud	毕博
Bishop of Nova Scotia	新斯科舍大主教
Bishopp	毕晓普
Marshall Bidwell	马歇尔·比德韦尔
Edward Blake	爱德华·布莱克
Blackfeet	黑足部落
Blaine-Bond Treaty	《布兰恩–邦德条约》
Black Rock	布莱克·罗克
Richard Blanchard	理查·布兰查德
Bloody Bridge	血桥
Boerstler	勃尔斯特勒
Bonsécour Market	邦斯库集市
Bonavista	博纳维斯塔
Robert Bond	罗伯特·邦德
Boscawen	博斯科恩

专有名词英汉对照

Boston Tea Party	波士顿茶叶党
Boucher	布歇
Bourlamaque	波拉麦克
Bourinot	布里诺
Henry Bouquet	亨利·布凯
Solicitor-General Boulton	伯尔顿副检察长
General Braddock	布拉多克将军
Bradstreet	布拉德斯特里特
Joseph Brant	约瑟夫·布兰特
Brandywine	布兰迪维因
Brandy Duty	白兰地税收
Father Bréboeuf	布莱伯夫神父
Treaty of Breda	《布雷达条约》
British Columbia	不列颠—哥伦比亚
British North America Act	《英属北美法案》
British North American League	英属北美联盟
Isaac Brock	艾萨克·布洛克
Brockville	布罗克维尔
Broke	布罗克
Brownstown	布朗斯敦
Stowel Brown	斯托厄尔·布朗
George Brown	乔治·布朗

Brown-Dorion Government	布朗—多里昂政府
Burrard Inlet	布勒内湾
Bunker Hill	邦克山
General Burgoyne	伯戈因将军
Burlington Heights	伯灵顿高地
Buffalo	布法罗
Francis Burton	弗朗西斯·伯顿
Commodore Byron	海军准将拜伦
Bytown	拜顿
Canada and Acadia	加拿大和阿卡迪亚
Canada and New England	加拿大和新英格兰
Canada Confederated	加拿大联盟
Upper Canada	上加拿大
Lower Canada	下加拿大
Canada-Pacific	加拿大太平洋铁路公司
Canada Trade Act	《加拿大贸易法案》
Canada Committee	加拿大委员会
Canadian Fencibles	加拿大国防军
Canadian Pacific Railway	加拿大太平洋铁路
Cabots	卡伯特父子
Jaques Cartier	雅克·卡蒂埃
George Cartier	乔治·卡地亚

Cartier-Macdonald Government	卡地亚—麦克唐纳政府
Father le Caron	卡伦神父
Carhagouha	卡拉谷
Regiment of Carignan-Salières	卡里尼昂—萨列斯团
Carbonear	卡伯尼尔
Guy Carleton	盖伊·卡尔顿
Carleton	卡尔顿
Thomas Carleton	托马斯·卡尔顿
Caroline	卡罗琳
Carter	卡特
Carnarvon Terms	《卡那封条约》
Casco Bay	卡斯科湾
AbbéCasgrain	卡斯格兰神父
Casual and Territorial Revenue	临时性和土地性收入
Castine Fund	卡斯汀基金
Catholic and Huguenot	天主教派和胡格诺派
Cape Breton	布雷顿岛
Cap Rouge	鲁日角
Cape Diamond	钻石角
Callières	卡利埃
Cataracoui	坎塔阿库伊
Canso	坎索

Calgary	卡尔加里
Cahokia	卡霍基亚
Campaign of 1812	1812年战争
John Caldwell	约翰·考德威尔
Archibald Campbell	阿奇博尔德·坎贝尔
Colin Campbell	科林·坎贝尔
Alexander Campbell	亚历山大·坎贝尔
Caughnawaga	卡纳瓦加
Lord Cathcart	卡斯卡特勋爵
Bienville	比安维尔
Centennial	百年纪念
Champlain	尚普兰
Lake Champlain	尚普兰湖
Aymar de Chastes	阿伊马·德·彻斯特斯
Chaudière	沙迪厄尔
Seigneur d' Aulnay Charnisay	多尔奈·沙尔尼赛领主
Father Chaumonat	肖蒙神父
Chauveau	绍沃
Chapais	沙佩
Chauncey	昌西
Chateauguay	沙托盖
Charlottetown Conference	夏洛特敦会议

Charlottetown	夏洛特敦
Edward Chandler	爱德华·钱德勒
Chandler	钱德勒
Chignecto	希格内克托
Chignecto Ship Railway	希格内克托运船铁路
Chebucto Bay	切不克托湾
Robert Christie	罗伯特·克里斯蒂
Charlevoix	沙勒瓦
Charleston	查尔斯顿
Chippewa	齐佩瓦
Chrysler's Farm	克莱斯勒农场
Cholera Years	霍乱之年
Chénier	舍尼埃
Chinook	奇努克
Chicago Fire	芝加哥大火
Civil List	王室年俸
City of Boston	波士顿
Henry Clinton	亨利·克林顿
Colonel Clark	克拉克上校
Clergy Reserves	传教士保留地
Clermont	"克莱蒙特"号
Columbus	哥伦布

Cortereal	科尔特雷阿尔
Sable Island	塞贝尔岛
Conception Bay Colony	康赛普申湾殖民地
Colbert	科尔伯特
Coureurs des Bois	丛林商人
Corne	科姆
Edward Cornwallis	爱德华·康沃利斯
Ste. Genevieve Cote	斯蒂吉纳维芙·科特
County of Sunbury	森伯里县城
Colonial Advocate	《殖民拥护者》
Colonial Conference	殖民地大会
Continental Congress	大陆会议
Cowpens	考彭斯
Constitutional Act	《宪法法案》
University of King College	国王学院大学
Admiral Cochran	科克伦将军
Captain Cook	库克船长
Coppermine River	科珀曼河
Commission of Inquiry	调查委员会
John Colborne	约翰·科尔伯恩
Conservative	保守党
William Colebrook	威廉·科尔布鲁克

专有名词英汉对照

Corn Laws	《谷物法案》
Cockburn	考克伯恩
Coal royalties	矿区开采权
Coales	考勒斯
Columbian Exposition	哥伦比亚世界博览会
William Crowne	威廉·克劳
Octave Cremazie	奥克塔夫·克雷马奇
Crees	克里人
Crow-foot	鸦足
Captain Crozier	克罗泽上尉
Craigellachie	克雷盖拉希
James Craig	詹姆斯·克雷格
Crimea War	克里米亚战争
Lyman Cutler	莱曼·卡特勒
Cut Knife Creek	卡特奈夫溪
Cunard Line	丘纳德航线
Samuel Cunard	塞缪尔·丘纳德
Canadian Currency	加拿大货币
Dalhousie College	达尔豪西大学
Earl of Dalhousie	达尔豪西伯爵
d'Anville	唐维尔
Captain Daniel	丹尼尔船长

Father Daniel	丹尼尔神父
Daly	戴利
Father Dablon	达布隆神父
Judge Day	戴伊法官
Jefferson Davis	杰斐逊·戴维斯
d'Ailleboust	代勒布斯
d'Aiguillon	戴吉永
Dartmouth	达特茅斯
Daulac	多拉克
William Dawson	威廉姆·道森
d'Aulnay Charnisay	多尔奈·沙尔尼赛
d'A vaugour	达沃古尔
Davoust	达乌
de Bienville	比安维尔
de Bougainville	布甘维尔
de Bourlamaque	波拉麦克
Madame De Bullion	布里昂夫人
de Caen	德·卡昂
de Conde	德·康德
de Courcelles	德·库尔塞勒
de Drucour	德·德鲁库
de Denonville	德·德农维尔

de Gourgues	德·格尔格斯
de Gamache	德·加马什
de Gaspe	德·加斯佩
Madame de Guercheville	德·盖尔谢维拉夫人
de Haro Channel	德哈罗海峡
de Haren	德·哈伦
de Hertel	德·赫特尔
de Lauson	德·劳松
de Lery	德·莱里
de Levis	德·莱维
de la Galissonniere	德·拉·加利索尼耶尔
Madame de la Peltrie	德·拉·佩尔奇夫人
de la Jonquiere	德·拉·容基耶尔
Father De la Noue	德·拉·努昂神父
de la Verendrye	德·拉·沃仁德耶
de la Roche	德·拉·罗切
de Mésy	德·穆泽
de Mille	德·米勒
de Montmagny	德·蒙马尼
Abbe de Queylus	德·奎卢斯神父
de Ramesay	德·拉姆齐
de Razilly	德·拉泽里

de Roquemont	德·罗奎蒙特
de Rottenburg	德·罗滕博格
de Roberval	德·罗贝瓦尔
de Silleri	德·希勒里
de Salaberry	德·萨拉贝里
de Tracy	德·特蕾西
de Troyes	德·特鲁瓦
de Ventadour	德·文塔多
General Dearborn	迪尔伯恩将军
Delfosse	德尔福斯
Denis	丹尼斯
Nicholas Denys	尼古拉·德罗
Denison	丹尼森
d'Estournelle	德埃斯图内勒
Desbarres	德巴尔
Detroit	底特律
d'Iberville	德伊贝维尔
Dickie	迪基
Dieskau	迪斯考
Dinwiddie	丁威迪
Donnacona	多纳科纳
Dollard	多拉德

Dongan	唐根
Dominion Day	自治领日
Dominion Census	自治领人口普查
Lord Dorchester	多尔切斯特勋爵
Downie	唐尼
Downing Street	唐宁街
Howard Douglas	霍华德·道格拉斯
Lawrence O'Connor Doyle	劳伦斯·奥康纳·多勒
Francis Drak	弗朗西斯·德雷克
Draper	德雷珀
Drew	德鲁
George Drummond	乔治·德拉蒙德
Drummondville	德拉蒙德维尔
Father Druilettes	德吕耶神父
Dupuy	杜普伊
Du Vivier	迪维维耶
Duquesne	迪凯纳
Duchambon	迪沙邦
Dumont	迪蒙
Duck Lake	杜克湖
John Hunter Duvar	亨特·约翰·杜瓦尔
Duchesneau	杜切尼奥

Duluth	迪吕特
Dundas Street	登打士大街
Lord Durham	达勒姆勋爵
Durham's Report	达勒姆报告
Eastern Townships	东部城镇
Eagle	"老鹰"号
Growler	"咆哮"号
Edge Hill	埃杰山
Lord Elgin	埃尔金勋爵
Embargo Act	《禁运法案》
Equal Rights Agitation	平等权利之争
Eric the Red	红胡子埃里克
Eries	伊利人
Esquimault	爱斯基摩特
Everlasting Salaries Bill	《永久性薪酬法案》
Executive Council	执行委员会
Exploits River	埃克斯普洛伊茨河
Father Fafard	法法尔神父
Abbe Faillon	法永神父
Family Compact	家族盟约党
Fairfield	费尔菲尔德
Lord Falkland	费兰勋爵

专有名词英汉对照

Ferryland	费里兰
Feudal Tenure	封建土地制度
Fenians	芬尼亚组织
Five Nations	五大部落
James Fitzgibbon	詹姆斯·菲茨吉本
Battle of Finisterre	菲尼斯特雷角战役
Fisheries Dispute	渔业纷争
Battle of Fish Creek	菲什溪战役
Charles Fisher	查理·费舍尔
Father la Fleche	拉·弗莱什神父
Sanford Fleming	桑德福·弗莱明
General Forbes	福布斯将军
Fort Beausejour	博塞茹尔要塞
Fort Chipewyan	齐佩瓦堡
Fort Cumberland	坎伯兰堡
Fort Duquesne	迪凯纳堡
Fort Douglas	道格拉斯堡
Fort Erie	伊利堡
Fort Edward	爱德华堡
Fort Frederick	弗雷德里克堡
Fort Frontenac	弗龙特纳克堡
Fort Garry	加里堡

Fort George	乔治堡
Fort Louis	路易斯堡
Fort Niagara	尼亚加拉堡
Fort Oswego	奥斯韦戈堡
Fort Pitt	皮特堡
Fort Reliance	里莱恩斯堡
Fort Rouge	鲁日堡
Fort Schlosser	施洛瑟堡
Fort St. Joseph	圣约瑟夫堡
Fort William Henry	威廉亨利堡
Fort William	威廉堡
Fort Venango	韦南戈堡
Case of Forsyth	弗西斯事件
Fraser River	弗雷泽河
Franklin's Map	富兰克林地图
John Franklin	约翰·富兰克林
Florida	佛罗里达
French Fisheries Question	法国渔场问题
French Shore Disputes	法国海岸纠纷
French Canadians	法裔加拿大人
Battle of Frenchtown	弗兰奇顿战役
Frechette	弗雷谢特

Fredericton	弗雷德里克顿
Frobisher	弗罗比舍
Frog Lake Massacre	弗拉格湖大屠杀
Frolic	"狂欢"号
Frontenac	弗龙特纳克
Straits of Fuca	福卡海峡
Fur-Trade	毛皮贸易
Gabarus Bay	加伯鲁斯湾
General Gage	盖奇将军
John Galt	约翰·盖尔特
Alexander Galt	亚历山大·盖尔特
Francois Xavie Garneau	弗朗索瓦·泽维尔·加诺
Geological Survey	地质勘查
Humphrey Gilbert	沃尔特·罗利
Glen	格伦
Major Gladwyn	格拉德温少校
Lord Glenelg	格莱内尔格勋爵
Goodridge	古德里奇
Governor's Road	总督大道
Governor-General	督军
Lord Gosford	戈斯福德勋爵
Colonel Gore	戈尔上校

Robert Gourlay	罗伯特·古尔利
Judge Gowan	戈万法官
Grass	格拉斯
Grand Pre	格朗·普雷
John Hamilton Gray	约翰·汉密尔顿·格雷
Greenland Colony	格陵兰殖民地
Green Bay Mission	格林湾布道所
Great Fish River	大鱼河
Grit	砂砾派
Griffin	"格里芬"号
John Guy	约翰·盖尔
Guerriere	"戈特里尔"号
Harold Harfager	哈罗德国王
Massacre of Haverhill	黑弗里尔大屠杀
Major Handfield	汉德菲尔德少校
Halifax	哈利法克斯
Halifax Currency	哈利法克斯货币
Halifax Fisheries Award	哈利法克斯渔业补贴
Haliburton	哈里伯顿
Hall's Bay	霍尔湾
Haldimand	哈尔迪曼德
General Harrison	哈里森将军

专有名词英汉对照

John Harvey	约翰·哈维
Wade Hampton	韦德·汉普顿
Major Handcock	汉德科克少校
Colonel Haviland	哈维兰上校
Louis Hebert	路易·赫伯特
Charles Heavysege	查理·海韦西格
John Henry	约翰·亨利
Francis Bond Head	弗朗西斯·邦德·黑德
John Hill	约翰·希尔将军
Hickory Island	希科里岛
Francis Hincks	弗朗西斯·辛克斯
Hochelaga	奥雪来嘉
Captain Howe	豪上尉
Lord Howe	豪勋爵
Joseph Howe	约瑟夫·豪
Holborne	霍尔本
Captain Howard	霍华德上尉
Holland	荷兰
Hornet	"大黄蜂"号
House of Assembly	议院
House of Commons	众议院
Henry Hudson	亨利·哈得孙

Hundson Bay	哈得孙湾
Hudson Bay Company	哈得孙湾公司
Huntington	亨廷顿
Hunters' Lodges	猎人小屋
Hurons	休伦人
Hutchinson	哈钦森
Hungry Year	大饥荒年
General Hull	赫尔将军
Ile au Noix	核桃岛
d'Orléans	奥尔良岛
St. Jean	圣让岛
Illinois River	伊利诺伊河
Imperial Conference	帝国会议
Imperial Federation	帝国联盟
Declaration of American Independence	美国《独立宣言》
Law of Inheritance	《继承法》
John Inglis	约翰·英格利斯
Inter-Oceanic Company	跨太平洋公司
Iroquois	易洛魁人
Iroquois Loyalists	易洛魁人效忠派
Iroquois Track	易洛魁道
General Izzard	伊泽德将军

Andrew Jackson	安德鲁·杰克逊
Java	"爪哇"号
Captain Jenkins	詹金斯上尉
Earl of Jersey	泽西伯爵
Jesuits	耶稣会士
Rélations des Jesuites	《耶稣会纪事》
Jesuits' Estates Act	《耶稣教士财产法案》
Father Jogues	若格神父
Jolliet	诺列
William Johnson	威廉·约翰逊爵士
John Johnson	约翰·约翰逊
James Johnstone	詹姆斯·约翰斯通
Lawrence Kavanagh	劳伦斯·卡瓦纳
Paul Kane	保罗·凯恩
Kars	卡尔斯
Keelness	吉尔尼斯
Keewatin	基威廷
James Kempt	詹姆斯·肯普特
Duke of Kent	肯特公爵
Kellog	凯洛格
Kingston	金斯顿
William Kirby	威廉·科尔比

Kingsford	金斯福德
Kirke	科克
Kolapore Cup	克拉波尔杯
Kondiaronk	孔德拉容克
La Barre	拉巴尔
La Chesnaye	拉切斯内
La Colle Mill	拉科勒磨坊
La Moth Cadillac	拉莫特·凯迪拉克
La Heve	拉海韦
La Salle	拉萨尔
Claude La Tour	克劳德·拉图尔
Charles La Tour	查理·拉图尔
Lachine	拉欣
Father Laleman	拉勒芒神父
Lake Region	五大湖区
Lake of the Woods	伍兹湖
Lake Champlain	尚普兰湖
Battle of Lake Erie	伊利湖之战
Land Purchase Bill	《土地买卖条例》
Hector Langevin	赫克托·郎之万
Wilfred Laurier	威尔弗雷德·劳里埃
Laval	拉瓦尔

Fort Lawrence	劳伦斯堡
Lawrence	劳伦斯
Le Borgne	博尔涅
Abbé Le Loutre	路特牧师
Father Le Jeune	勒热纳神父
Leif	利夫
Legislative Council	立法委员会
Lennox	伦诺克斯
Lepine	雷平
Marc Lescarbot	马克·莱斯卡博
Leopard	"猎豹"号
Chesapeake	"切萨皮克"号
Lewiston	刘易斯顿
Lexington	列克星敦
Liberal Convention	自由协定
Lighthouse Point	灯塔据点
Abraham Lincoln	亚伯拉罕·林肯
William Logan	威廉·洛根
Long Island	长岛
Lord Lorne	罗恩勋爵
Louisburg	路易斯堡
Louisiana	路易斯安那

Earl of Loudoun	劳登伯爵
Samuel Lount	塞缪尔·劳恩特
Loyalists	效忠派
Lundy' Lane	朗迪道
Lunenburg	卢嫩堡
Machias	马柴厄斯
Enemond Masse	埃尼孟德·马塞
Marguerie	马格里
Mademoiselle Mance	曼斯小姐
Father Marquette	马凯特神父
Lake Manitoba	曼尼托巴湖
Manitoba Act	《曼尼托巴法案》
Father Marchand	马查德神父
John Macdonald	约翰·麦克唐纳
Joseph Marmette	约瑟夫·马曼特
Charles Mair	查理·麦尔
Alexander Mackenzie	亚历山大·麦肯齐
Alexander Mackenzie	亚历山大·马更歇
William Lyon Mackenzie	威廉·莱昂·麦肯齐
Mackenzie River	马更歇河
Mackinaw	马基诺
Macedonia	"马其顿"号

Allen MacNab	艾伦·麦克纳布
Maine	缅因
Maritime Provinces	沿海省
Maritime Provinces Union	沿海省联盟
Maugerville	茂格维尔
March of 104th Regiment	第104团远征
Mathews	马修斯
Maitland	梅特兰
Mars Hill	马斯山
Mason	梅森
Slidell	斯莱德尔
d'Arcy McGee	达西·麦吉
William McDougall	威廉·麦克杜格尔
McCully	麦卡利
McIntyre	麦金太尔
Alexander Mclachlan	亚历山大·麦克拉克兰
Membertou	蒙巴图
Mennonites	门诺派教徒
Métis	梅蒂斯人
Merritt	梅里特
Meares	米尔斯
Charles Metcalf	查理·梅特卡夫

Mitchell Peter	皮特·米切尔
Green Bay Mission	格林湾布道所
Mississippi	密西西比河
Lake Mistassinni	米斯塔西尼湖
Island of Miquelon	密克隆岛
General Middleton	米德尔顿将军
Midlanders	米德兰人
Minute Men	极速民兵
Michigan Territory	密西根地区
Miramichi Fire	米拉米奇森林大火
Milltia Bill	《民兵武装法》
Montreal	蒙特利尔
Montagnais	蒙塔格奈人
Father le Moyne	穆瓦纳神父
Mobawks	莫哈克人
Oliver Mowat	奥利弗·莫瓦特
Lord Monck	蒙克勋爵
Judge Monk	蒙克大法官
General Monckton	蒙克顿将军
General Montgornery	蒙哥马利将军
Moravian	莫拉维亚
Morrison	莫里森

专有名词英汉对照

Montgomery's Tavern	蒙哥马利客栈
Colonel Moodie	穆迪上校
Montcalm	蒙特卡姆
Montmorenci	蒙特莫伦西
Monument to Wolfe and Montcalm	沃尔夫和蒙特卡姆纪念碑
Colonel Munro	门罗上校
Munro Doctrine	门罗主义
General Murray	默里将军
Antony Musgrave	安东尼·马斯格雷夫
Nashwaak	纳什瓦克
Napierville	内皮尔维尔
Navy Island	海军岛
Navigation Laws	《航运法案》
Newfoundland	纽芬兰岛
New York	纽约
New Amsterdam	新阿姆斯特丹
New Brunswick	新不伦瑞克
University of New Brunswick	新不伦瑞克大学
Newark	纽瓦克
New Orleans	新奥尔良
New Caledonia	新喀里多尼亚
New Westminster	新威斯敏斯特

Fort Necessity	尼塞西提堡
Wolfred Nelson	沃夫雷德·纳尔逊
Fort Niagara	尼亚加拉堡
Niagara	尼亚加拉
Colonel Nicholson	尼科尔森上校
Ninety-four Resolutions	《九十四条决议》
Northmen	北欧人
Father Noirot	诺伊洛神父
Northwest Company	西北公司
The Northwest	西北地区
Northwest Mounted Police	西北骑警
Northwest Campaign	西北地区战役
Northcote	诺斯科特
Nootka	努特卡
Nova Scotia	新斯科舍
Colonel Noble	诺贝尔上校
The Nova Scotian	《新斯科舍人》
O'Brien	奥布莱恩
Odelltown	奥德尔敦
Bishop O'Donnell	奥唐奈主教
Ogdensburg	奥格登斯堡
Ohio Valley	俄亥俄流域

Ojibways	奥吉布威人
One Hundred Associates	百联公司
Onondagas	奥内达加
Ontario	安大略
Order of a Good Time	美好时光组织
Oregon	俄勒冈
Orders-in-Council	委员会秩序
Oswego River	奥斯韦戈河
Oswego	奥斯韦戈
Ottawas	渥太华人
Ottawa	渥太华
Lake Ouinipon	奥依尼邦湖
Treat of Paris	《巴黎和约》
Walter Patterson	瓦尔特·帕特森
Parr	帕尔
Parrtown	帕尔镇
Louis Papineau	路易·帕皮诺
Pakenham	帕克南
Palmer	帕默
Parliament Building Burned	火烧议会大厦
Captain Parker	帕克上尉
Pacific Scandal	太平洋丑闻

Penobscot	佩诺布斯科特河
Nicholas Perrot	尼古拉·佩罗
Pemaquid	佩马奎德
Peace River	皮斯河
William Pepperell	威廉·佩珀雷尔
Pennsylvania	宾夕法尼亚
Paul Peel	保罗·皮尔
The Peacock	"孔雀"号
Commodore Perry	佩里准将
Penetanguishene	佩内坦吉申
Perth settlement	珀斯定居点
Permanent Revenue Act of 1774	《1774年固定性税收法案》
Robert Peel	罗伯特·皮尔
Wiliam Phips	威廉·菲普斯
Piziquid	匹兹奎德
William Pitt	威廉·皮特
Pittsburg	匹兹堡
Pictou	皮克图
Captain Pickett	皮克特上尉
Plains of Abraham	亚伯拉罕平原
Plessis	普莱西
Plattsburg	普拉茨堡

Placentia	普拉森舍
Pontgravé	庞特格莱弗
Poutrincourt	普塔库
Port Royal	罗亚尔港
Point levi	利瓦伊制高点
Poundmaker	庞德梅克
Port Moody	穆迪港
Port la Joie	拉茹瓦港
Port Razoir	拉泽尔港
Poor Man's Society	穷人救助会
Canadian Postal System	加拿大邮政系统
Judge Polette	波莱特法官
Pontiac	庞蒂亚克
Pop	波普
Prince Edward Island	爱德华王子岛
General Prideaux	普里多将军
Presqu'ile	普雷斯科
Colonel Prince	普林斯上校
George Prevost	乔治·普雷沃斯特
Colonel Proctor	普罗克特上校
Puget Sound	皮吉特湾
Colonel Purdy	珀迪上校

Putnam	普特南
Quebec	魁北克
The Act of Quebec	《魁北克法案》
Quebec Resolutions	《魁北克决议》
Qu's Appelle	卡佩勒
Queenston Heights	昆士顿高地
Quincy	昆西
Isaac de Ratilly	伊萨克·德·拉泽里
Ramesay	拉姆齐
Railway Intercolonial	跨殖民区铁路
Grand Trunk	大干线
Transcontinental Railway	跨大陆铁路
Fort Remy	雷米堡
Red River	红河
Restigouche	雷斯蒂古什
Reid George	里德·乔治
Responsible Government	责任政府
Red River Colony	红河殖民地
Reform Party	改革党
Declaration of the Reformers	改革党宣言
Reformer and Conservative	改革党和保守党
Hoveden Walker	霍弗登·沃克

专有名词英汉对照

Rebellion Losses Bill	《叛乱损失议案》
Redan	凸角堡
Rideau Canal	丽都运河
Richelieu	黎塞留
Richelieu River	黎塞留河
Louis Riel	路易·瑞尔
Riall	里亚尔
Right of Search	搜查权
Ridgeway	里奇威
Roberval	罗贝瓦尔
Roche	罗什
Rechelle	罗谢尔
Roland Fort	罗兰堡
Rocky Mountains	落基山脉
Royal Society of Canada	加拿大皇家学会
Royal Canadian Academy	加拿大皇家学院
Royal Commission of Inquiry	皇家调查委员会
Royal Newfoundland Regiment	皇家纽芬兰团
Royal Military College	皇家军事学院
Rochambeau	罗尚博
Roberts	罗伯茨
Ross	罗斯

John Beverley Robinson	约翰·贝弗利·罗宾逊
Rosario Channel	罗萨里奥海峡
Lord Russell	罗素勋爵
Ryswick	里斯威克
Edgerton Ryerson	埃杰顿·瑞尔森
Sable Island	塞贝尔岛
Sackett's Harbour	萨基特港
The Saguenay	萨格奈河
Salmon Falls	萨尔蒙佛斯
Charles Sangster	查理·桑斯特
San Juan	圣胡安岛
Fight at Sandwich	桑德维奇战斗
Saratoga	萨拉托加
Saskatchewan	萨斯喀彻温
Saskatchewan Rebellion	萨斯喀彻温叛乱
Schenectady	斯克内克塔迪
Winfield Scott	温菲尔德·斯科特
Thomas Scott	托马斯·斯科特
Laura Secord	劳拉·西科德
Seigneurs	领主
Selwyn	塞尔温
Selkirk	塞尔柯克

Senecas	塞内卡人
Semple	森普尔
Seven Years' War	七年战争
Seventy-two Resolutions	《七十二项决议》
Separate Schools	教会学校
Chief Justice Sewell	首席大法官休厄尔
Ambrose Shea	安布罗斯·谢伊
Shannon	"香农"号
Chesapeake	"切萨皮克"号
Shawnees	肖尼人
Shelburne	谢尔本
General Sheaffe	希夫将军
Sherbrooke	舍布鲁克
Shirley	雪利
Ship Hector	"赫克托"号
Shubenacadie Canal	舒伯纳卡迪亚运河
Simcoe	锡姆科
Simcoe Schooner	"锡姆科"号纵帆船
George Simpson	乔治·辛普森
Charles Douglas Smith	查理·道格拉斯·史密斯
Donald Smith	唐纳德·史密斯
Goldwin Smith	戈尔德温·史密斯

Tracey Smythe	特雷西·斯迈思
Sorel	索雷尔
Sons of Liberty	自由之子
de Soto	德·索托
Sovereign Council	主权委员会
States Rights Doctrine	权利在州
Stadacona	斯塔达科纳
Captain Stairs	斯戴尔斯上尉
Lord Stanley	斯坦利勋爵
The Stamp Act	《印花税法》
Steeves	斯蒂夫
George Stephen	乔治·斯蒂芬
Stony Creek	斯托尼溪
John Strahan	约翰·斯特拉恩
George Street	乔治·斯特里特
General Strange	斯特兰奇将军
Subercase	苏博凯斯
Sulpicians	稣尔比斯会
Benjamin Sulte	本杰明·苏特
Convention of Susa	《苏萨协定》
Lord Sydenham	锡德纳姆勋爵
St. Anne's Point	圣安妮波因特

St. Benoit	圣班诺特
St. Castin	圣卡斯坦
St. Charles Fort	圣查理堡
Battle of St. Charles	圣查理战役
St. Croix	圣克洛伊
Battle of St. Denis	圣丹尼斯战役
St. Eustache	圣尤斯塔斯
Battle of Ste. Foye	圣弗瓦战役
St. Germain-en-Laye	《圣日耳曼条约》
St. George's Bay	圣乔治湾
St. Ignace	圣伊尼斯
St. John's	圣约翰斯
St. John River	圣约翰河
St. John's Island	圣约翰斯岛
St. John	圣约翰
St. Joseph	圣约瑟夫
St. Lawrence	圣劳伦斯
Ste. Marie	圣玛丽
St. Pierre Island	圣皮埃尔岛
St. Sauveur	圣索沃尔
Tadousac	泰道沙克
Talon	塔隆

Tarleton	塔尔顿
Colonel Taylor	泰勒上校
Etienne Tache	埃蒂安·塔什
Archbishop Tache	塔什大主教
Tea Tax	茶叶税
Tecumseh	特库姆塞
Temple	坦普尔
Canadian Telegraph Systems	加拿大电报系统
Terra Corterealis	科尔特雷阿尔之地
Thorwald	托瓦尔德
Thorfinn Karlsefni	托尔芬·克尔塞夫尼
Three Rivers	三河城
Charles Poulett Thompson	查理·波利特·汤普森
Ticonderoga	泰孔德罗加
Tippecanoe	蒂珀卡努
Tilley	蒂利
Lady la Tour	拉图尔夫人
Henry de Tonti	亨利·通蒂
General Townshend	汤曾德将军
Alpheus Todd	阿尔菲厄斯·托德
Toronto	多伦多
Tory	托利党

专有名词英汉对照

Treaty of Aix-la-Chapelle	《亚琛和约》
Treaty of Versailles	《凡尔赛和约》
Treaty of Amity and Commerce	《友好通商条约》
Treaty of Ghent	《根特条约》
Treaty of Ashburton	《阿什伯顿条约》
The Reciprocity Treaty	《互惠条约》
The Oregon Treaty	《俄勒冈条约》
Treaty of Washington	《华盛顿条约》
Treaty of Utrecht	《乌得勒支条约》
Treaty of Ryswick	《里斯威克条约》
The Trent Affairs	特伦特事件
Turgot	杜尔哥
Charles Tupper	查理·塔伯爵士
Turcotte	特克特
The Twelve Resolutions	《十二项决议》
Tyrrell	泰瑞尔
United Colonies of New England	新英格兰联合殖民地
United States Frigate	美国驱逐舰
Uniacke	尤尼亚克
Universal Postal Union	万国邮政联盟
Upper House	上议院
Ursulines	乌尔苏拉会

PresidentVan Buren	范布伦总统
Vancouver Island	温哥华岛
George Vancouver	乔治·温哥华
Marquis de Vaudreuil	沃德勒伊侯爵
Vauban	沃邦
Vasco di Gama	瓦斯科·达·伽马
Venango Fort	韦南戈堡
de la Verendrye	德拉·沃仁德耶
Madeline de la Vercheres	马德莱娜·沃克里斯
Vergor	沃格尔
Verrazano	韦拉扎诺
The Victoria Bridge	维多利亚大桥
Father Nicholas Viel	尼古拉·维尔神父
Vigilance committee	戒备委员会
Nicholas Vignan	尼古拉·维戈南
Vigilan	"警戒"号
Villebon	维勒邦
de Villiers	德·维利尔
Colonel Vincent	文森特上校
The World's Fair	世界博览会
Worrell Estate	沃雷尔庄园
Admiral Walker	沃克上将

专有名词英汉对照

War of Spanish Succession	西班牙王位继承战争
War of Austrian Succession	奥地利王位继承战争
War of Seven Years	七年战争
War of 1812	1812年战争
Warren	沃伦
GeorgWashington	乔治·华盛顿
Wasp	"黄蜂"号
Inland Waterways	内陆航道
Webb	韦勃
Daniel Webster	丹尼尔·韦伯斯
West India Company	西印度公司
Sackville West	萨克威勒·韦斯特
Lieutenant Weir	韦尔中尉
Major Welsford	韦尔斯福德少校
John Wentworth	约翰·温特沃斯
Colonel Wetherall	韦瑟罗尔上校
Whelan	韦伦
Richard Whitebourne	理查·怀特伯恩
William Whiteway	威廉·怀特威
General Wilkinson	威尔金森将军
William Henry Fort	威廉亨利堡
Daniel Williams	丹尼尔·威尔逊

Wimbledon	温布尔登
Lemuel Allan Wilmot	莱缪尔·艾伦·威尔莫特
Colonel Wimslow	温斯洛上校
Winthrop	温思罗普
James Yeo	詹姆斯·约
Yorktown	约克镇
York	约克
Little York	小约克
Young Street	央街
Young Teazer	"小淘气"号
John Young	约翰·扬